우주인을 꿈꾸는 어린이가 꼭 봐야 할
별과 행성 고급편

KOREA.COM

우주인을 꿈꾸는 어린이가 꼭 봐야 할
별과 행성 고급편

1판 1쇄 2008년 11월 3일 발행 / **1판 3쇄** 2018년 7월 1일 발행
글쓴이 마이크 골드스미스 / **감수** 김석환 / **옮긴이** 이승숙
펴낸이 김정주 / **편집** 이향숙, 김현경, 양지애 / **디자인** 문용 / **펴낸곳** ㈜대성 Korea.com
주소 서울시 용산구 후암로 57길 57 (동자동) ㈜대성
등록 제300-2003-82호 / **등록일** 2003년 5월 6일
전화 (02)6959-3140 / **팩스** (02)6959-3144
e-mail daesungbooks@korea.com

NAVIGATORS: STARS & PLANETS
The original edition is published by Kingfisher,
an imprint of Macmillan Children's Books
Copyright © Macmillan Children's Books 2008

Korean translation copyright © 2008 by Daesung Co., LTD.

Korean translation rights arranged with KINGFISHER PUBLICATIONS PLC
through EYA(Eric Yang Agency).

이 책의 한국어판 저작권은 EYA(Eric Yang Agency)를 통한
KINGFISHER PUBLICATIONS PLC 사와의 독점계약으로
한국어판권을 ㈜대성이 소유합니다.
신저작권법에 의해 한국 내에서 보호를 받는 저작물이므로 무단전재와 복제를 금합니다.

ISBN 978-89-92758-25-3
정가 : 12,000원

Korea.com은 ㈜대성에서 펴내는 종합출판브랜드입니다.
잘못 만들어진 책은 구입하신 곳에서 바꾸어 드립니다.

이 도서의 국립중앙도서관 출판시도서목록(CIP)은
e-CIP 홈페이지(http://www.nl.go.kr/ecip)에서 이용하실 수 있습니다.
(CIP제어번호: CIP22008001906)

일러두기
이 책에 수록된 웹 사이트 주소들은 출간 시점에서는 정확합니다.
하지만 웹 사이트 주소와 내용은 언제든지 바뀔 수 있습니다.
또한 일부 웹 사이트에서는 어린이에게 적합하지 않은
다른 사이트와 연결될 수 있습니다. 본 출판사는 웹 사이트 주소와 내용의 변경,
또한 제3의 웹 사이트를 통해 얻는 정보에 대해 책임지지 않습니다.
그러므로 어린이들의 인터넷 검색은 반드시 어른들의
지도하에 이루어지길 권장합니다.

본 출판사는 이 책에 이미지 자료를 싣도록 허락해 준 다음의 저작권자들께 감사드립니다. (t = top, b = bottom, c = centre, r = right, l = left)

Page 4tr Corbis/Bryan Allen; 4bl Getty/Taxi; 5b Kamioka Observatory, ICRR (Institute for Cosmic Ray Research), The University of Tokyo, Japan; 8br Science Photo Library (SPL)/Jerry Lodriguss; 9bl SPL/David A. Hardy, Futures: 50 Yrs in Space; 9br SPL/Allan Morton/Dennis Milon; 10l SPL/International Astronomical Union/Martin Kornmesser; 10cl SPL/US Geological Survey; 10c SPL/NASA; 11tr SPL/Claus Lunau/FOCI/Bonnier Publications; 11bl SPL/Detlev van Ravenswaay; 11c SPL/Mark Garlick; 11br SPL/Friedrich Saurer; 12b Arcticphoto/Ragnar Sigurdsson; 12-13 SPL/Mehau Kulkyk; 13tl Tim Van Sant, ST9 Solar Sail Team Lead, NASA Goddard Space Flight Center; 13c SPL/Scharmer et al, Royal Swedish Academy of Sciences; 13cb Corbis/Roger Ressmeyer; 13r SPL; 14t ESA/NASA; 14c SPL/US Geological Survey; 15tr SPL/NASA; 16tr SPL/Bernard Edmaier; 16c SPL/Colin Cuthbert; 17tl Corbis/Keren Su; 17c PA/AP; 17c and 17cr Corbis/Randy Wells; 17bl Alamy/Steve Bloom Images; 19tr SPL/NASA; 20tl Corbis/NASA/epa; 20cl Corbis/Reuters/NASA; 20cr SPL/NASA; 21tr Corbis/ Guido Cozzi; 22cl SPL/Mark Garlick; 23b SPL/Detlev van Ravenswaay; 24t Corbis/Dennis di Cicco; 24br SPL/Detlev van Ravenswaay; 25tr Corbis/Jonathan Blair; 26bl SPL/J-C Cuillandre/Canada-France-Hawaii Telescope; 28tr SPL/Mark Garlick; 29tr SPL/Mark Garlick; 30cr SPL/NASA/ESA/R. Sahai & J. Trauger, JPL; 31tr SPL/Russell Kightley; 31b SPL/Konstantinos Kifondis; 34cl Corbis/Sergei Chirikov/epa; 34r SPL/NASA; 35tr Novosti; 35cl Corbis/NASA; 36 SPL/NASA; 37tl SPL/NASA; 37bl Corbis/Jim Sugar; 37br SPL/Lockheed Martin Corp./NASA; 38c SPL/Victor Habbick Visions; 40tr SPL/Julian Baum; 43b SPL/NASA; 48tr Getty Images/Science Faction; 48cl Science Museum Library; 48cr Alamy/Karl Johaentges; 48b SPL/NASA.

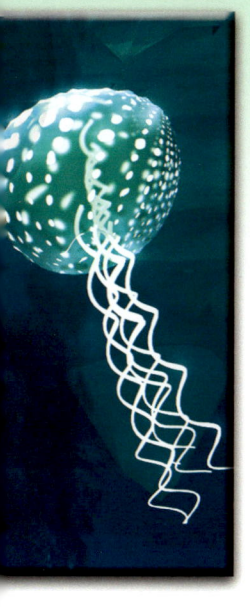

CONTENTS

4 별 바라보기
6 우주
8 은하들의 세계
10 태양계
12 태양
14 수성과 금성
16 지구
18 화성
20 목성과 토성
22 천왕성과 해왕성
24 그 밖의 작은 천체
26 우주 구름
28 기이한 별들
30 별의 죽음
32 휘어진 공간
34 우주를 향한 개척자들
36 하늘 너머로
38 우주 도시
40 항성 간 우주선
42 우주 생명체에 대한 질문
44 용어 설명
46 찾아보기
48 더 조사하기

별 바라보기

수천 년 동안, 사람들은 별들이 반짝거리는 하늘을 바라보며 우주에 관한 의문을 던져 왔습니다. 그러면서 지난 수 세기 동안 망원경을 이용해 그 답을 찾아왔으며 새롭게 더 많은 의문을 가져 왔습니다. 과학자들은 지구상에 있는 망원경이 찍은 사진들과 지구 너머 먼 우주를 비행하며 보내온 이미지를 이용해서 낯선 행성들과 은하계의 별들을 이해해 왔습니다.

천문대

미국 애리조나 사막에 있는 키트피크 국립천문대에는 모두 19개의 광학망원경이 있습니다. 이 망원경들은 거대한 주 반사경을 이용해 별에서 보내온 빛을 모아서 별의 이미지를 만듭니다.

전파망원경

맨눈으로는 볼 수 없지만 특수망원경으로는 볼 수 있는 수많은 종류의 빛이 있습니다. 하와이에 있는 이 망원경은 별에서 보내온 전파를 모읍니다. 이 사진은 노출 시간을 길게 하여 전파망원경으로 촬영한 것입니다. 지구는 지축을 중심으로 자전하기 때문에 별들이 하늘에서 원운동을 하고 있는 것처럼 보입니다.

태양열 집열판은 햇빛을 전기로 바꿔 허블망원경에 전력을 공급한다.

허블 우주망원경

우리가 보는 선명하고 아름다운 천체의 사진들은 광학망원경으로 얻은 것입니다. 허블우주망원경은 1990년에 우주왕복선에 실려 발사된 이래 지금까지 지구 궤도를 돌고 있습니다. 지구 대기는 움직이는 공기층 때문에 상이 흐리게 보이고 별들이 반짝이게 보입니다. 허블우주망원경은 대기층 위에서 촬영하기 때문에 천체 영상이 흐리게 보일 문제가 없습니다. 따라서 지상에 있는 천체망원경보다 훨씬 더 선명하게 사진을 찍을 수 있습니다.

허블망원경의 전면 경통 내부에 장착되어 있는 주 반사경이 빛을 모아서 보조 반사경에 보낸다. 보조 반사경은 이 빛을 검출기에 집중시켜 상을 만든다.

> 별빛이 지구에 도달하려면 오랜 세월이 걸립니다. 지금 보이는 별빛은 사실 여러분이 태어나기 훨씬 전부터 있었던 별에서 오는 것입니다.

별 바라보기 5

"나는 경이로움으로 가득한 기쁨을 가지고 행성과 별들을 관찰했습니다."

갈릴레오(1564~1642)
이탈리아의 천문학자이자 물리학자

허블우주망원경과 지구 사이에서 인공위성들을 통해 정보를 중계하는 통신 안테나

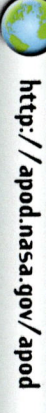
http://apod.nasa.gov/apod

궤도에서

허블우주망원경은 지구 표면으로부터 569km 상공에서 지구 궤도를 따라 비행합니다. 1시간에 28,000km를 비행하며 지구를 한 바퀴 도는 데 97분이 걸립니다.

🔴 슈퍼 가미오칸데 천문대

우주는 중성미자라고 하는 작은 소립자로 가득 차 있습니다. 중성미자는 매우 빠르게 움직이며 눈에 잘 보이지 않기 때문에 검출이 매우 어렵습니다. 지하 1km 깊숙이 위치한 우주 소립자 관측시설인 일본의 슈퍼 가미오칸데 천문대는 5만 톤의 물을 담고 있습니다. 때로는 중성미자가 물 분자에 부딪쳐 파란빛의 작은 섬광을 일으킬 때가 있습니다. 이러한 성질 때문에 천문대 벽 안에 설치한 초고감도 빛 탐지기로 중성미자를 관측할 수 있습니다.

우주

별과 행성

우주 - 존재하는 모든 것들을 담고 있는 그릇

우주는 약 137억 년 전에 탄생했습니다. 그때 시간과 공간과 에너지가 생겨났고 공간이 매우 빠르게 팽창하기 시작했습니다. 태초의 팽창과 함께 시작된 모든 존재들의 빛은 점차 희미해져 가고 있지만 오늘날 계속 관측되고 있습니다.

우주가 매우 차가워졌을 때, 소립자들로 이루어진 물질과 반물질이 생성되었고, 약 1초가 지났을 때 이 물질과 반물질들은 대부분이 상호 결합을 통해 소멸되었다.

남은 물질은 우주로 고르게 퍼지지 않았다. 밀도가 높은 곳의 중력이 이 물질을 끌어당겨서 그곳의 밀도는 점점 더 커져갔다. 그 후 이곳에 은하들이 만들어졌는데, 아래 그림에서 파란색으로 보이는 부분들이다.

실험실에서 만들어진 전자와 양전자들의 궤적. 이와 같은 물질의 창조는 초기 우주에서 자연스럽게 일어났다.

빅뱅의 원인은 현대 과학에서 여전히 풀리지 않은 큰 미스터리로 남아 있다.

우주는 갑자기 뜀박질 하는 것과 같이 엄청난 속도로 팽창하기 시작했다.

0초 — 1조 분의 1초 — 1초 — 10만 년

암흑 물질과 암흑 에너지

모든 은하가 암흑 물질을 갖고 있기 때문에 우주의 대부분은 눈에 보이지 않는 물질로 이루어져 있습니다. 이러한 암흑 물질은 우리에게 아직 알려지지 않은 소립자로 이루어져 있습니다. 또한 온 우주에는 중력의 끌어당기는 힘에 대항하는 신비한 힘인 암흑 에너지로 가득 차 있습니다.

파란색 영역은 암흑 물질이고, 분홍색 영역은 일반 물질이다.

우주의 구성
- 중성미자 0.3%
- 별 0.5%
- 중원소 0.03%
- 수소와 헬륨 4%
- 암흑 에너지 70%
- 암흑 물질 25%

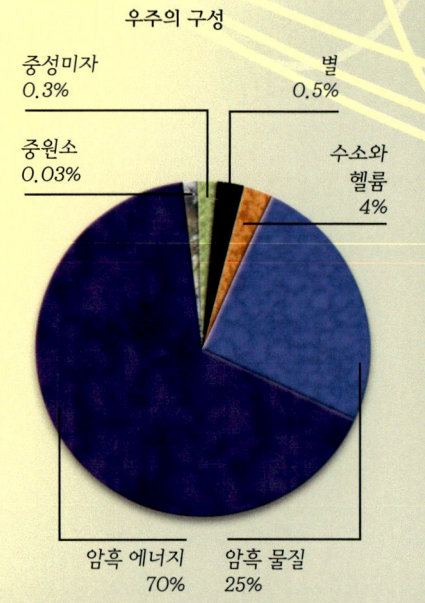

"우주의 크기와 나이는 사람의 생각으로 이해할 수 있는 범위를 크게 벗어나 있습니다. 우리의 고향인 작은 지구는 무한한 공간과 영원한 시간 그 어디엔가 알 수 없는 곳에 존재하고 있습니다."

칼 세이건(1934~1996)
미국의 천문학자이자 천문화학자

> 태양의 나이는 우주 나이의 3분의 1 정도로 예측하고 있습니다.

우주가 약 섭씨 3천 도로 차가워졌을 때, 대부분이 수소인 원자들은 더욱 작은 입자들로부터 만들어졌다. 그 후 빛이 공간을 통해 전파될 수 있었다.

1세대 별은 수소와 헬륨으로 이루어져 있었다. 시간이 흐르면서 별에는 더 무거운 원소가 쌓이게 되었고, 초신성이 되어 사라질 때까지 쌓인 원소는 우주로 흩어진다. 아래 그림은 1세대 별이 어떻게 생성되었는지를 보여준다.

1세대 별의 무거운 원소는 오늘날 존재하는 태양과 다른 별들의 구성 요소 중에 하나가 되었다. 태초부터 137억 년의 세월이 흐른 오늘날 우주의 온도는 영하 270도까지 떨어졌다.

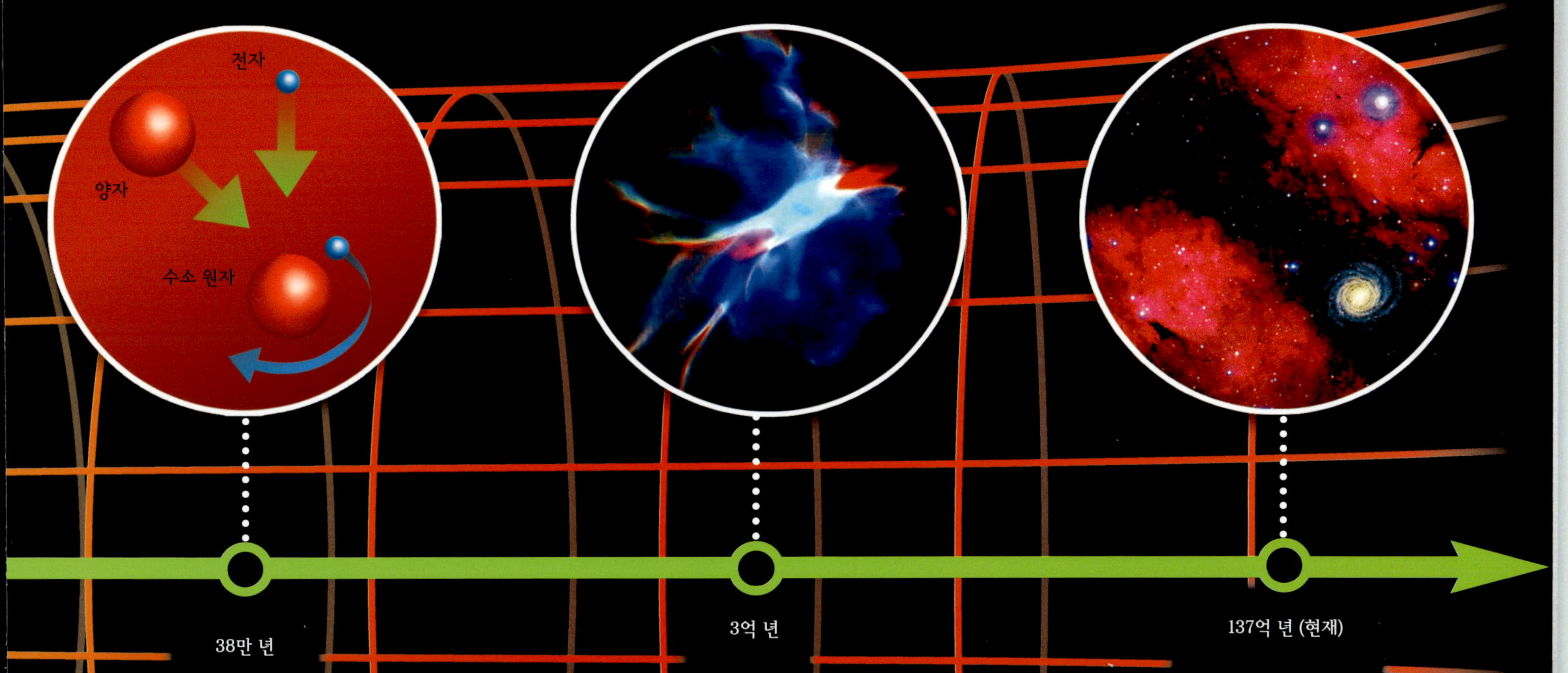

www.bbc.co.uk/science/space/origins

전자
양자
수소 원자

38만 년 · 3억 년 · 137억 년 (현재)

초기 우주는 매우 빠르게 변했지만 그 뒤에는 변화 속도가 상대적으로 느려졌다. 위의 우주탄생 주요연표는 시간의 비례에 따라 그려진 것이 아니다.

🌑 우주 냉각과 우주 균열

우주의 미래에 관해 크게 두 가지 학설이 있습니다. 첫째로 우주는 무한히 팽창하고 있으며, 팽창 속도는 다소 늦어질 수 있지만 절대로 멈추지 않는다는 생각입니다. 곧 모든 별들이 다 타면 우주는 깜깜해지고 차가워진다는 "우주 냉각" 학설입니다. 둘째로 우주의 팽창 속도가 빨라지고 있다는 징후와 학설이 있습니다. 곧 언젠가는 은하와 행성, 원자가 한순간에 잘게 부서진다는 "우주 균열" 학설입니다.

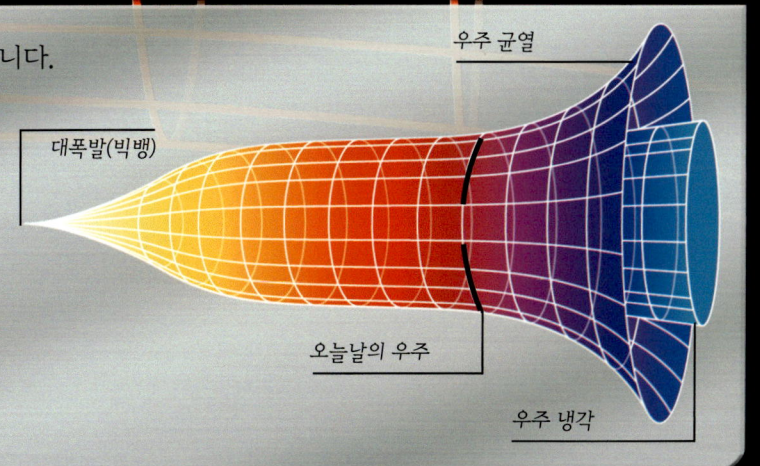

대폭발(빅뱅) · 오늘날의 우주 · 우주 균열 · 우주 냉각

별과 행성

은하들의 세계

별은 우주 전체에 고르게 펼쳐져 있지 않습니다. 각각 수백만 개, 수십억 개에서 수천억 개의 별이 모여 은하를 이루고 있기 때문입니다. 많은 수의 은하들은 소용돌이치는 거대한 별 무리처럼 보이기도 하고, 원반이나 공 모양 또는 뿌옇게 빛나는 구름을 닮은 은하들도 있습니다.

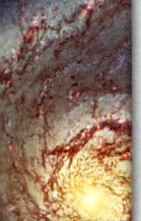

은하 - 엄청난 수의 별들, 성간 가스와 먼지 그리고 암흑 물질의 집합체

새로운 별들이 은하의 나선 모양의 팔들에서 태어난다.

왜소 은하

은하가 어떻게 만들어졌는지 명확하게 이해하는 사람은 아무도 없습니다. 아마도 우리 은하보다 훨씬 작은 이 사진 속의 어린 은하처럼 태어났을 것으로 추측합니다. 중앙의 붉은빛은 늙은 별들이 방출하는 빛이고, 은하의 바깥쪽 영역에 있는 파란빛은 어린 별들이 방출하는 빛입니다.

소용돌이 은하

사진에서 보는 이 소용돌이 은하는 나선은하입니다. 두껍고 검은 먼지 띠처럼 보이는 휘어진 팔에서 많은 별들이 태어납니다. 우주가 팽창하기 때문에 모든 은하들 간의 거리는 점점 멀어집니다. 대부분의 다른 은하들처럼 이 소용돌이 은하도 우리 은하로부터 매초 500km의 속도로 멀어지고 있습니다.

안드로메다 나선은하

이 은하는 우리가 맨눈으로 볼 수 있는 가장 멀리 있는 은하입니다. 태양보다 1000억 배 더 밝지만 250만 광년이나 멀리 있어서 깜깜한 밤에만 볼 수 있습니다.

 수십억 년 전에는 막대한 수의 별들이 새롭게 태어나고 있었기 때문에 대부분의 은하가 푸른색으로 보였습니다.

은하들의 세계 9

www.space.com/galaxy

뚜렷하지 않고 뿌옇게 보이는 이 빛나는
천체는 소용돌이 은하의 가까운 곳에서
움직이는 또 다른 작은 은하이다.
이 작은 은하의 중력 때문에 소용돌이
은하의 팔에서 수많은 별들이 태어난다.

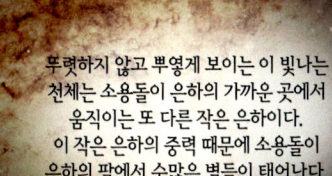

은하는 눈에 보이는 빛과
보이지 않는 복사선을 내뿜는다.
이 사진에는 가시광선이 눈에 보인다.
그리고 바깥쪽 고리에는 새롭게
태어나는 별들에서 발산하는
자외선이 보이고, 중앙에는 늙은 별에서
방출하는 열 복사선들이 보인다.

우리 은하 - 은하수

우리 태양과 태양계는
은하수의 바깥쪽
팔들 중 하나에
위치해 있다.

우리 은하를 옆에서 보면, 늙은 별들로 이루어진
노란색 은하핵이 중심부에서 공 모양으로 볼록하게
부풀어 올라 있고, 주변부는 평평한 모습이다.

밤하늘의 우윳빛 빛줄기는 우리
은하계 안쪽에서 바라본 우리 은하의
모습입니다. 우리 은하에는 약 천억
개 이상의 별들이 있는데, 그중 일부
별들은 태양계의 행성들과 비슷한
특성을 가지고 궤도를 도는
행성들도 있습니다.

남극 방향이 밝은 은하 중심을
향하고 있기 때문에, 은하수는
남반구에서 더 밝게 보인다.

별과 행성

태양계

태양 중력의 영향권은 우주 멀리까지 뻗어 있으며 그 안에는 태양계를 구성하는 행성들, 달들, 행성 간에 존재하는 작은 바위들과 먼지들이 있습니다. 태양계의 모든 천체들은 그들이 받는 태양의 중력과 완벽하게 균형을 이루며 태양 주위를 공전합니다.

중력 - 물체들이 서로를 잡아당기는 힘

구성 물질

내행성(지구형 행성)은 주로 바위와 금속으로 이루어져 있고, 외행성은 대체로 얼음과 가스로 구성되어 있습니다. 그 이유는 태양이 빛나기 시작했을 당시 태양 근처의 공간은 너무 뜨거워져 바위와 금속으로 구성된 행성들만 살아남을 수 있었기 때문입니다.

수성
(1974년 매리너 10호 최초로 도착)
부피: 지구의 0.06배
질량: 지구의 0.06배
하루: 176일
일년: 88일

지구
부피: 1.09 x 10^{12}km^3
질량: 5.98 x 10^{24}kg
하루: 24시간
일년: 365.24 일

화성
(1965년 매리너 4호 최초 도착)
부피: 지구의 0.15배
질량: 지구의 0.11배
하루: 24시간 37분
일년: 687일

금성
(1962년 매리너 2호 최초 도착)
부피: 지구의 0.85배
질량: 지구의 0.82배
하루: 117일
일년: 225일

목성
(1973년 파이어니어 10호 최초 도착)
부피: 지구의 1,226배
질량: 지구의 318배
하루: 9시간 55분
일년: 12년

태양과의 거리

태양에 가까울수록 행성들 간의 거리는 가깝습니다. 태양계는 먼지와 가스 구름 덩어리로 처음 시작되었는데, 그중 밀도가 가장 높은 지역에서 생성된 것이 태양입니다. 그래서 우리별 태양에 가까운 곳에 행성을 만드는 물질이 더욱 많이 있습니다.

지구
1억 5천만km

금성
1억 8백만km

화성
2억 2천 8백만km

목성
7억 7천 8백만km

태양

수성
5천 8백만km

토성
14억 2천 7백만km

> 수십억 년 전에는 태양계에 수십 개의 행성이 있었습니다.

태양계 11

🔴 우주 공간에서 바라보기

태양계 밖으로 나가서 태양계 전체를 바라본다면, 태양광이 닿는 행성들이 있는 부분은 너무 작아서 보이지도 않을 것입니다. 우리가 알고 있는 행성들 너머에는 얼음 조각들로 이루어진 고리 모양의 카이퍼 띠가 있습니다. 카이퍼 띠의 가장 바깥 부분은 태양계로 다가오는 수많은 혜성들의 핵을 간직한 텅 빈 공 모양의 거대한 오르트 성운과 맞닿아 있습니다. 이러한 태양계 전체는 약 2광년 정도의 크기입니다.

텅 빈 공간

태양계를 둘러싸고 있는 오르트 성운의 단면도

"우리는 우주선이라는 역사적인 도구를 발명한 이래 20~30년 동안 수성에서 해왕성까지 태양계의 모든 행성을 방문하여 보았습니다."

칼 세이건(1934~1996)
미국의 천문학자이자 천문화학자

www.valdosta.edu/~cbarnbau/astro_demos/stellar_evol/birth.html

토성
(1979년 파이어니어 11호 최초 도착)
부피: 지구의 752배
질량: 지구의 95배
하루: 10시간 39분
일년: 29년 6개월

천왕성
(1986년 보이저 2호 최초 도착)
부피: 지구의 64배
질량: 지구의 15배
하루: 17시간 14분
일년: 84년

해왕성
(1989년 보이저 2호 최초 도착)
부피: 지구의 59배
질량: 지구의 17배
하루: 16시간 7분
일년: 165년

천왕성
28억 7천 1백만km

해왕성
44억 9천 7백만km

태양

태양은 1백만 개의 지구가 그 안에 들어갈 만큼 거대한 불타는 가스로 이루어진 구입니다. 태양광과 태양열을 받지 못한다면, 지구에는 생명체가 살 수 없으며 대기도 차갑게 얼어 고체가 되어 땅에 내려앉았을 것입니다. 태양과 지구의 거리는 1억 5천만km이며 맨눈으로 직접 볼 수 없을 만큼 태양광은 아주 밝습니다. 지구가 매일 1회씩 자전하기 때문에 태양은 하늘을 가로질러 움직이는 것처럼 보입니다.

> 태양 - 지구를 비롯하여 태양계를 구성하는 행성들이 그 궤도를 돌고 있는 항성

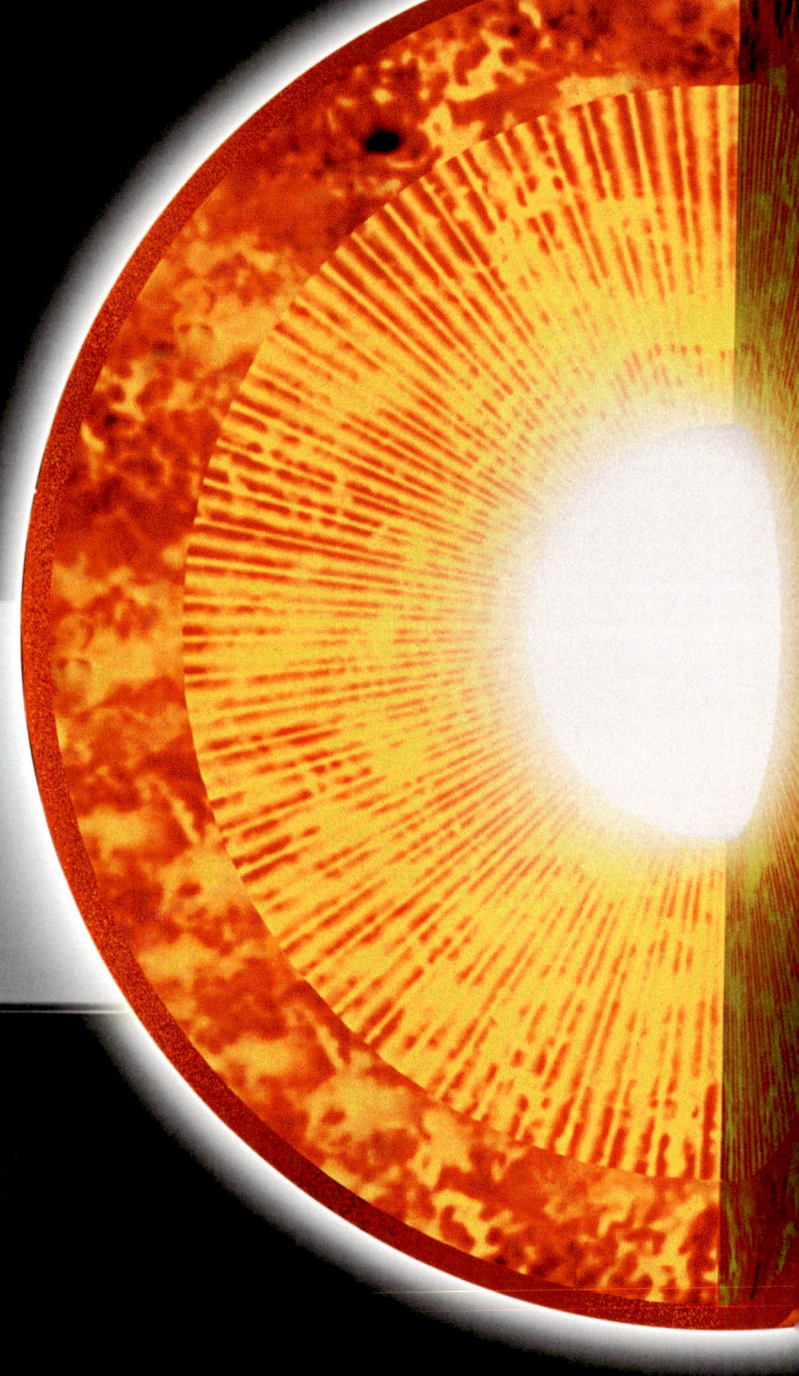

핵융합

태양은 수소라고 하는 가벼운 물질로 이루어져 있습니다. 태양의 중심에서는 수소폭탄 같은 물리적 반응이 일어나서 수소를 헬륨으로 바꾸며, 이때 우리가 보는 태양의 빛인 거대한 에너지를 방출합니다.

빛의 향연

태양은 빛과 열뿐 아니라 작은 입자들도 방출합니다. 이 입자들은 북극과 남극 근처에서 지구의 자기장에 갇혀, 밤하늘에 신기한 색깔의 빛을 만듭니다. 이 눈부신 빛의 장관을 오로라라고 합니다.

> 태양은 매초 거대한 핵융합 반응을 일으켜 에너지를 생성하며 그 결과로써 4백만 톤씩 가벼워집니다.

태양 13

태양 돛단배
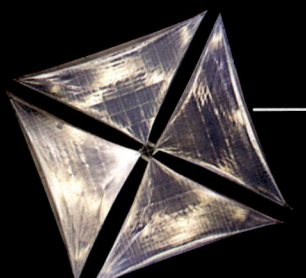
태양광은 그것이 닿는 모든 물체들에 힘을 더하는 효과를 나타냅니다. 태양 돛단배들은 가볍고 반짝이는 소형 우주선으로, 돛단배가 바람에 의해 움직이듯 태양광에 의해 밀려서 우주를 비행합니다.

태양 홍염
홍염은 지구보다 훨씬 더 큰 불타는 밝은 가스 구름으로, 태양 대기 상층부에 떠 있습니다.

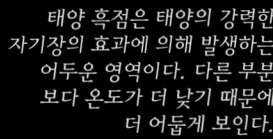

태양 흑점은 태양의 강력한 자기장의 효과에 의해 발생하는 어두운 영역이다. 다른 부분보다 온도가 더 낮기 때문에 더 어둡게 보인다.

www.nasa.gov/vision/universe/solarsystem/sun_for_kids_main.html

"태양의 진화로 인한 궁극적인 결과 가운데 하나는 우리 지구가 불타고 남은 차가운 숯덩이가 될 가능성이 매우 크다는 것입니다."

칼 세이건(1934~1996)
미국의 천문학자이자 천문화학자

태양의 표면 온도는 약 섭씨 5,500도이다.

일식

몇 달에 한 번씩 달이 태양과 지구 사이를 통과해 지나갑니다. 이때 태양이 달에 가려 안 보이게 되고, 그 주위에 코로나 빛이 보이게 됩니다(오른쪽 참고). 일식이 일어나지 않는 때에는 태양광이 너무 밝아 코로나 빛이 보이지 않습니다.

별과 행성

수성과 금성

수성과 금성은 지구보다 태양에 더 가까이 있기 때문에 지구보다 훨씬 뜨겁습니다. 또한 지구보다 더 빨리 태양 주위를 돌기 때문에 수성과 금성의 1년은 지구의 1년보다 짧습니다.

년 – 행성이 태양을 한 바퀴 도는 데 걸리는 시간

화려한 분화구?

우주에서 찍은 다른 사진들처럼 매리너 10호가 찍은 이 사진은 각기 다른 표면의 모습을 더욱 뚜렷하게 보여주기 위해 인위적으로 다른 색들로 처리하였습니다.

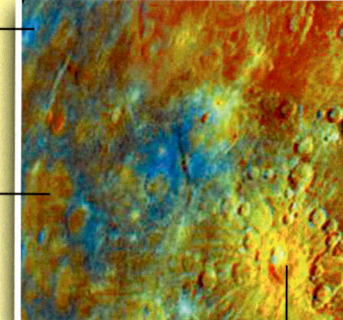

금속이 많은 곳

용암이 흘러나와 굳은 곳

카이퍼 분화구

이 지역에 대한 측정 자료가 없기 때문에, 수성의 사진에서 이 부분은 빈 곳으로 남아 있다.

수성

태양에서 가장 가깝고 작은 행성인 수성은 대기가 거의 없기 때문에 밤에는 매우 빨리 차가워집니다. 낮에는 온도가 섭씨 430도까지 올라가지만, 밤에는 남극 대륙보다 더 춥습니다.
이 사진은 1974년에 수성에 도달한 무인우주 탐사선 매리너 10호가 찍은 여러 장의 사진을 합성한 것입니다. 이 사진을 통해 수성 표면이 바위투성이며 많은 분화구들이 존재한다는 것이 밝혀졌습니다.

수성의 표면은 수많은 주름으로 이루어져 있다. 이들은 아마도 수성이 형성된 후 금방 냉각되어 수축하면서 만들어진 것으로 보인다.

> 수성이 금성보다 훨씬 더 태양에 가깝지만, 금성이 훨씬 더 뜨겁습니다.

금성 지도 만들기

금성의 표면은 영구히 존재하는 두꺼운 구름층 때문에 망원경으로 볼 수 없습니다. 그래서 1989년에 레이더로 금성의 지도를 만들기 위해 무인우주 탐사선인 마젤란호를 금성 궤도로 보냈습니다. 이를 통해 금성 표면은 형성된 지 겨우 5억 년 밖에 되지 않았다는 사실이 밝혀졌습니다.

용암으로 이루어진 돔 모양 지형들

마젤란호는 금성에 화산활동으로 만들어진 지형이 매우 많다는 사실을 발견했습니다. 다른 행성에는 사진에서 보이는 것처럼 용암으로 이루어진 돔 모양의 지형들이 없습니다. 이들은 지하에서 분출한 용암에 의해 지표면이 늘어나고 융기하여 생성된 것으로 보입니다.

마젤란호는 4년 동안 금성 주위를 선회하였다.

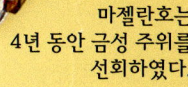

내리치는 번개의 섬광들만이 두꺼운 구름층이 짙게 낀 어두운 금성 표면을 가끔씩 밝힌다.

금성의 가장 높은 화산인 마트 몬즈

금성

한때는 지구와 가장 가까운 금성을 선사시대의 지구와 비슷한 환경의 행성으로 여겼습니다. 그러나 사실 금성의 대기는 지구의 바다만큼이나 높은 밀도를 가진 죽음의 행성입니다. 두꺼운 구름층으로 뒤덮인 황색 하늘에서는 황산 비가 내리는데, 땅에 닿기 전에 끓어서 다시 증발합니다. 금성 표면은 온실효과 때문에 섭씨 480도까지 올라갑니다.

마젤란호가 만든 금성의 3차원 지도를 보면 암석들로 구성된 금성 표면의 대부분이 매끄러운 화산 평원임을 알 수 있다.

www.space.com/mercury_and_www.windows.ucar.edu/tour/link=/venus/venus_il.html

별과 행성

지구

생명체가 지구에서 살 수 있는 것은 태양과 지구의 거리가 적당하기 때문입니다. 생명체가 살아가려면 액체 상태의 물이 필요한데, 태양과의 거리가 너무 멀다면 물은 화성에서처럼 얼어버릴 것입니다. 만약에 지구가 태양에 조금 더 가까웠다면 물은 금성에서처럼 끓게 될 것입니다.

> 액체 - 담는 용기에 따라 모양이 변하고 그 안에서 표면을 만들며 흐르는 성질을 지닌 물질 상태

지구가 점점 더워지면서 북극의 얼음이 녹고 있다. 이 때문에 지층이 낮은 지역에서는 빈번하게 홍수가 일어나기도 한다.

식물과 나무는 모든 동물이 호흡하는 데 필요한 산소를 생성한다. 또한 식물은 동물들이 내뱉는 가스인 이산화탄소 등을 흡수한다.

지구의 대기

대기는 행성의 중력에 의해 그 주위를 둘러싸고 있는 가스층입니다. 지구 대기의 가스는 밤에는 지구의 표면을 따뜻하게 지켜주고 낮에는 과도한 태양광으로부터 지구를 보호해줍니다. 대기는 또한 지구에서 물이 순환하도록 도와줍니다. 물이 바다에서 증발하면 가장 낮은 대기층에 구름이 만들어지며 그 구름은 육지에 비를 내립니다.

"우리는 오래전부터 살아온 조상들께 지구를 물려받은 것이 아니라, 앞으로 태어날 우리의 후손들로부터 빌려 쓰는 것입니다."

하이다족 인디언의 속담

 지구의 모든 얼음이 다 녹아 버린다면, 해수면은 약 100m 정도 높아질 것입니다.

지구

생명체는 30억 년 이상 지구에 존재해 왔고, 인류는 약 2십만 년 전부터 지구의 환경을 변화시켜 왔다. 우주에서도 인간이 만든 도시의 환한 불빛을 볼 수 있다.

계절

지구의 자전축이 기울어져 있기 때문에 한쪽 반구가 태양을 향하여 가까이 있는 동안, 반대쪽 반구는 태양에서 멀어지게 됩니다. 그래서 한쪽이 여름이 되면 반대쪽은 겨울이 됩니다. 지구는 일 년 동안 태양 궤도를 공전하면서 계절이 바뀝니다. 또한 지구가 자전축을 중심으로 한 바퀴 자전하는 데 24시간이 걸리므로 낮과 밤이 생깁니다.

북반구가 태양에서 먼 위치에 있을 때 겨울이 된다.

남반구가 태양에 가까운 위치에 있을 때 여름이 된다.

http://science.nationalgeographic.com/science/earth.html

대륙 이동

우리의 발 아래 지구의 깊은 곳은 아주 뜨겁고 바위마저도 액체 상태로 녹아 있습니다. 이같이 거칠고 사납게 불타는 용암 바다 위에 아주 큰 바위로 만들어진 대륙의 '판'들이 떠 있습니다. 이러한 대륙의 '판'들이 천천히 움직이다가 서로 부딪치면 화산이 폭발하고 지진이 발생합니다.

지구에는 2백만 종 이상의 생명체가 있는데, 얼어붙어 있는 추운 환경에서 사는 펭귄처럼 각각의 종들은 특정한 장소와 환경에 적응해서 살고 있다.

화성

외계 문명이 화성에 운하를 만들었다고 천문학자들이 생각한 이후 '붉은 행성'인 화성은 1세기가 넘도록 사람들의 관심과 호기심의 대상이었습니다. 물론 화성의 운하는 착각이었지만 사람들은 여전히 화성에 생명체가 존재할 수 있다는 가능성을 남겨두고 있습니다. 지구에서 2번째로 가까이 있는 화성은 빙원, 계절, 화산과 사막 등 지구와 가장 비슷한 환경을 가진 행성입니다. 오래 전에는 화성에 호수와 강이 있었던 흔적도 발견되었습니다.

화성 - 로마 신화에 나오는 전쟁의 신인 마르스라고 불리는 태양계의 네 번째 행성

탐사로봇이 수 km의 지역을 이동하며 조사할 수 있도록 돕는 파노라마 카메라

화성 탐사로봇, 엑소마스호

태양열 집열판

화성의 거친 바위 지형에 적응하도록 제작된 6개의 튼튼한 바퀴들

이것은 1976년에 탐사로봇 바이킹 2호가 화성에 착륙해서 찍은 사진이다. 공기 중의 붉은 먼지 입자 때문에 하늘이 분홍색으로 보인다.

엑소마스호

우주탐사로봇 엑소마스호는 유럽우주국(ESA) 프로젝트의 일부로 2014년에 붉은 행성을 탐사하게 됩니다. 이 탐사로봇은 궤도탐사선에 실려 올라가, 기구나 낙하산을 이용하여 화성 표면에 안전하게 착륙하게 됩니다. 바이킹 2호는 화성의 흙에 인간의 피부를 태울 만큼 강한 화학물질들이 가득하다는 사실을 발견했습니다. 엑소마스 탐사로봇은 바이킹 2호의 발견에 기초해서 화성의 바위를 계속 연구할 것입니다.

 화성은 녹 때문에 붉게 보입니다. 오래 전에 사막의 철이 산소와 결합해서 화성의 전체 표면을 붉게 물들였습니다.

🔴 화성의 얼음

밝은 하늘색으로 보이는 영역은 얼음 웅덩이입니다. 이 웅덩이는 화성 북반부의 넓은 평원에 있는 분화구에 있습니다.
이 사진은 2005년에 유럽우주국의 화성 익스프레스 탐사선이 찍었습니다. 화성은 대기 압력이 매우 낮기 때문에 물이 액체 상태로 존재하지 못합니다.

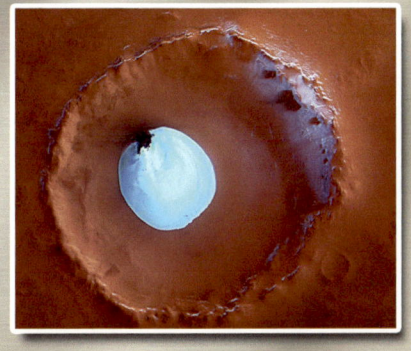

얼어붙은 북쪽

궤도탐사선이 화성의 북극 지역 사진을 찍었습니다. 높이가 거의 2km에 이르며 얼음으로 뒤덮여 있는 가파른 벼랑을 볼 수 있습니다.

화성의 남극과 북극은 영원한 얼음 층으로 덮여 있다. 지구에서처럼 이 얼어붙은 지역은 계절에 따라 커지기도 하고 작아지기도 한다.

지구와 통신하기 위한 안테나

이 기구는 전파를 이용해서 화성 지표면에서 1km 깊이까지 볼 수 있다.

궤도탐사선에 전력을 공급해주는 태양열 집열판

화성 궤도탐사선

이 우주선은 2006년에 화성에 도달해서 지금도 여전히 행성 주위를 돌고 있습니다. 우주선의 임무는 화성의 표면 사진을 찍고 날씨를 관찰하고 바위와 얼음을 연구하는 것입니다. 또한 다음 화성 탐사선이 착륙하기에 가장 적합한 장소를 찾는 일도 합니다. 앞으로는 다른 임무를 수행하는 탐사선들이 조사해서 얻은 정보들을 지구로 전송하게 될 것입니다.

www.marsdaily.com

"화성에 생명체가 살았었다는 사실을 증명하는 단 한 개의 바위라도 발견한다면 인류 역사상 가장 위대한 과학적 발견이 될 것입니다."

데이비드 맥납 & 제임스 영거
작가이자 과학 다큐멘터리 제작자

목성과 토성

목성의 대적점(red spot)은 지구보다도 훨씬 큰 거대한 태풍으로 수백 년 동안 휘몰아치고 있다.

가니메데는 태양계에서 가장 큰 달로 수성보다도 더 크다.

칼리스토는 주로 얼음으로 이루어졌다.

이오는 화산 분출물로 덮여 있다.

유로파의 얼음 지각 아래에는 액체 상태의 바다가 있다.

수많은 달들

목성에는 최소한 63개의 달이 있습니다. 이 많은 달들은 중력 때문에 목성에서는 늘 같은 면만 보이게 됩니다. 이오처럼 어떤 달은 목성의 중력에 의한 팽창과 수축 효과로 열이 발생하기도 합니다. 다른 달 중에는 표면의 먼지들이 우주로 날아올라 목성 주변의 고리를 만들기도 합니다.

▽ 중심핵 - 행성의 중심부

목성과 토성은 바위와 얼음으로 이루어진 중심핵을 두터운 대기가 감싸고 있는 거대한 가스 행성들입니다. 두 행성 모두 고리가 있는데 목성의 고리는 눈에 잘 안 보이는 먼지 띠이고, 토성의 고리는 얼음 덩어리로 이루어졌습니다. 또한 각각 적어도 60여 개의 달이 있습니다. 두 행성은 매우 빠르게 자전하기 때문에 하루가 짧습니다. 두 행성은 생성되었을 때부터 지금까지 열이 식고 있으며 행성 내부의 열 때문에 끊임없이 태풍들이 발생하고 있습니다.

> 목성은 태양계 내의 다른 모든 행성들이 다 들어갈 만큼 매우 큽니다.

목성과 토성

목성

목성은 태양계에서 가장 큰 행성으로 다른 행성들을 모두 합친 것보다 크고 무겁습니다. 태양과의 거리가 지구보다 4배 더 멀지만, 밤하늘에서 가장 밝은 천체입니다. 목성은 매우 위험한 방사능 복사 지역과 거대한 자기장에 의해 둘러싸여 있습니다.

가벼운 천체
토성의 무게는 지구보다 95배 더 무겁지만, 태양계에서 크기에 비해 가장 가벼운 행성입니다. 토성은 물 위에 뜰 수 있을 정도로 아주 가볍습니다.

이 사진의 토성 고리들은 인위적으로 색을 처리한 것이다. 분홍색 고리들은 커다란 바위로, 초록색과 파란색 고리들은 더 작은 파편으로 이루어져 있음을 나타낸다.

토성

토성의 고리들은 수십억 개의 작은 먼지 입자와 큰 바위 만한 얼음 덩어리 등으로 이루어져 토성의 궤도를 돌고 있습니다. 이런 덩어리들은 달만 한 물체가 토성의 가까이에서 떠돌다가 토성의 중력에 의해 산산조각으로 쪼개진 잔해로 추정합니다.

www.space.com/jupiter and www.space.com/saturn

천왕성과 해왕성

궤도 - 우주 공간에서 한 물체가 다른 물체의 주변을 도는 길

태양계 가장 바깥쪽에 있는 두 행성인 천왕성과 해왕성은 목성과 토성처럼 거대한 가스 행성들입니다. 태양과 멀리 떨어져 있어서 태양광이 희미하게 비치기 때문에 두 행성들은 차갑고 어둡습니다. 태양 주위를 큰 궤도로 천천히 공전하므로 천왕성의 1년은 지구의 84년, 해왕성은 165년으로 매우 깁니다.

천왕성

천왕성은 1781년에 영국의 천문학자 윌리엄 허셜(1738~1822)이 발견했고 197년 뒤에 무인우주선이 천왕성에 도달했습니다. 검정색 돌멩이들로 이루어진 검은 고리들이 이 거대한 행성의 주위를 돌고 있으며, 대기의 메탄 때문에 초록색으로 보입니다. 천왕성은 지구에서 보기에 옆으로 누워서 자전하는데 아마도 수십억 년 전에 떠돌이 행성과 부딪쳐서 기울어졌기 때문인 듯합니다.

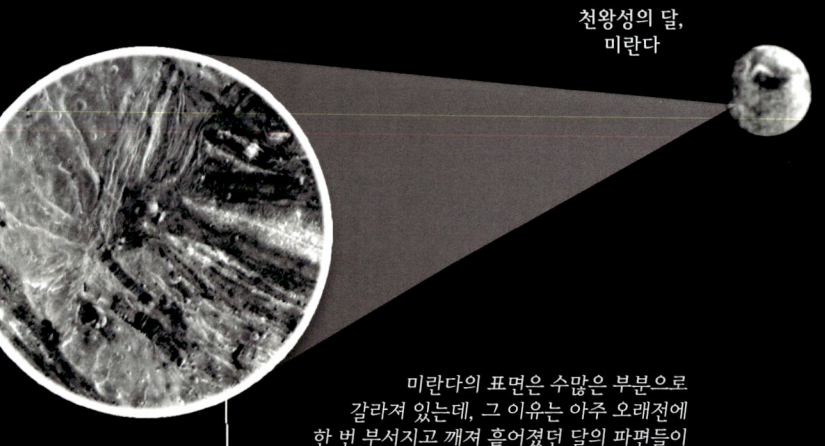

천왕성의 달, 미란다

미란다의 표면은 수많은 부분으로 갈라져 있는데, 그 이유는 아주 오래전에 한 번 부서지고 깨져 흩어졌던 달의 파편들이 중력에 이끌려 다시 뭉쳐졌기 때문인 듯 하다.

 > 천왕성에는 밤이 40년 이상 계속되는 지역도 있습니다.

천왕성과 해왕성

머나먼 세계로 간 보이저호

쌍둥이 무인우주탐사선인 보이저 1호와 보이저 2호는 1970년대와 1980년대에 걸쳐 외행성들을 탐험했습니다. 2020년대에 이르러 두 탐사선의 기능은 다할 것입니다. 그러나 향후 수천 년 동안은 태양계 너머의 광대한 우주 공간을 비행할 것입니다. 약 4만 년의 세월이 지난 후, 보이저 2호는 어느 별에 도달할 것입니다.

에너지와 빛의 특성에 대한 자료를 기록하는 기기

전력을 공급하는 발전기

안테나 접시

위성에서 뻗어 나온 팔에 장착된 자력계는 자기장의 힘을 측정한다.

보이저 2호는 천왕성의 중력으로부터 추진하는 힘을 얻어서 해왕성을 향해 비행한다.

해왕성은 태양계의 여느 행성보다도 바람이 많이 분다. 이 엄청나게 큰 하얀색 메탄 얼음 구름은 해왕성 표면의 검은 폭풍 위를 빠르게 가로질러 날아간다.

"나는 인류 최초로 시끄럽고 혼돈된 지구 저 너머의, 영원한 평화를 간직한 왕국에서 활주하는 원반 모양의 새로운 행성을 보았노라."

허셜의 천왕성 발견
1937년의 알프레드 노이의 시 '횃불 든 사람들'에서

해왕성

태양계 가장 바깥쪽에 있는 행성은 로마의 푸른 바다의 신, 넵튠의 이름을 따서 지은 해왕성입니다. 다른 거대한 행성들과는 달리 해왕성의 고리 가운데에는 불완전한 원 모양을 가진 것들도 있습니다. 이 차가운 행성은 스스로 열을 내기 때문에 놀랍게도 날씨가 나타납니다. 해왕성의 가장 큰 달인 트리톤은 태양계에서 가장 차가운 달일 것으로 생각됩니다.

질소는 기체 상태로 지구 대기의 대부분을 차지하고 있지만, 해왕성의 달인 트리톤에서는 대부분 고체 상태로 얼어 있다. 하지만 높은 고도에 도달해서 바람에 의해 옆으로 퍼지기 전까지는 액체 상태로 하늘로 분출할 때가 있다.

www.space.com/uranus and www.space.com/neptune

그 밖의 작은 천체

우리 태양계는 한 개의 별, 8개의 행성, 170여 개의 달, 작은 먼지 입자에서 수백km나 되는 얼음, 바위나 금속 성분을 포함한 천체까지 수십억 개의 작은 물체들로 이루어져 있습니다.
이 물체들은 태양계 형성 이후에 남은 것들로 지난 수십억 년 동안 그대로 존재하고 있습니다.
이들은 왜소 행성, 혜성, 유성, 소행성 그리고 카이퍼 띠 천체로 이루어져 있습니다.

자갈과 같은 작은 돌과 모래 및 얼음 덩어리들로 이루어진 혜성은 태양 가까이 가면서 끓다가 부서지며 꼬리를 형성하는 먼지와 가스를 방출시킨다. 헤일밥 혜성에서 보이는 희미한 파란색 꼬리는 가스로 이루어져 있으며 더 밝은 꼬리는 먼지로 구성되어 있다.

별똥별(유성)은 운석 및 잡석 등 아주 작은 천체들(유성 물질)이 떨어지며 지구 대기층을 통과한 자국이다. 별똥별은 대기와 마찰하여 빛을 내며 타 버린다.

지구에서 먼 거리의 우주 공간에는 소행성을 태울 수 있는 두꺼운 대기층이 없다. 그래서 사진에서 보이는 불타는 듯한 이 꼬리는 지구를 향해 돌진해오는 거대한 소행성을 파괴하기 위해 쏘아올린 핵미사일에 의해 생긴 것이다.

토성의 달인 미마스는 오래전 다른 큰 천체와 충돌하여 거의 파괴될 뻔하였다. 그로 인해 사진에서 보이는 거대한 분화구가 만들어졌다.

왜성 명왕성

명왕성과 명왕성의 세 달 가운데 가장 큰 카론(오른쪽)

1930년에 발견된 명왕성은 작고 둥근 형태의 천체로, 태양계의 세 개의 왜소 행성들 가운데 하나입니다. 명왕성의 궤도는 타원형이기 때문에 궤도의 위치에 따라 태양과의 거리가 크게 달라집니다. 그래서 가끔 해왕성보다 태양에 더 가까워질 때도 있습니다. 우주 바깥쪽 멀리 있을 때 명왕성은 매우 차가워져서 대기마저 꽁꽁 얼어 고체가 됩니다.

> 하쿠다케 혜성은 꼬리의 길이가 5억 7천만km가 넘는데 지구와 태양 간 거리의 4배나 됩니다.

지구의 멸망

역사 속에서 지구는 수많은 소행성의 표적이 되어 왔습니다. 오래전 소행성의 충돌로 공룡이 멸종되었음을 알 수 있습니다. 그 보다 작은 소행성일지라도 지구와 충돌하면 인류 문명의 종말이 올 수도 있습니다. 그래서 과학자들은 소행성의 궤도를 면밀히 추적하고 있습니다. 만약에 지구와 충돌할 것이 예상되면 핵무기로 파괴하거나 로켓이나 태양 돛단배(13페이지 참조)로 그 진로를 바꾸려는 계획을 갖고 있습니다.

배링거 운석구

미국 애리조나에 있는 이 운석구의 크기는 약 1,200m 정도로 약 5만 년 전 운석의 충돌로 만들어졌습니다.

"우리 미사일이 빗나갔습니다. 혜성들은 여전히 지구를 향해 다가오고 있는데 우리가 막을 수 있는 방법이 하나도 없습니다. 그 충격은…… 아마도 상상하기 어려운 대재앙일 것입니다."

영화 〈딥 임팩트〉(1998) 중에서

www.bbc.co.uk/science/space/solarsystem/meteors/index.shtml

별과 행성

우주 구름

망원경으로 밤하늘을 살펴보기 시작하면서 사람들은 흐릿하게 나타나는 여러 지역들을 발견하였습니다. 이것은 성운이라고 하는 우주 구름입니다. 많은 성운들은 빛을 내거나 어두운 먼지 가스 구름입니다. 성운은 별들이 태어나거나 죽는 곳이기도 합니다. 이들 중에는 성단 가까이에 있는 성운도 있고, 외부 은하에 있는 성운도 있습니다.

가스 – 팽창하는 성질을 가지고 있으며 자신이 담긴 용기를 채우는 기체 물질의 상태

창조의 불기둥

독수리성운의 일부인 거대한 먼지와 가스 기둥에서는 새로운 별들이 태어납니다. 뜨거운 젊은 별에서 뿜어져 나오는 강력한 복사선이 기둥의 바깥 표면을 가열해서 그 주변을 청록색 안개로 만듭니다.

별의 탄생

이 망원경 사진은 독수리성운을 더 넓은 시야각으로 찍은 것인데, 밝게 빛나는 중심부에서 별이 폭발하고 있습니다. 폭발하는 별들(초신성)이 주변의 구름을 계속 눌러서 밀도를 높게 만듭니다. 중력 때문에 이곳은 점점 더 밀도가 높아지고 뜨거워집니다. 그 중심은 매우 뜨거워서 핵반응이 일어나기 시작하며, 중심부는 별로 바뀝니다.

작은 돌출부에는 새로운 별의 시초가 되는 밀도가 높은 가스 방울이 있다.

> 폭발하는 별 안에서 만들어진, 우리 몸을 구성하는 많은 종류의 원자들은 분자 구름 안에서 수백만 년을 지냈습니다.

우주 구름 27

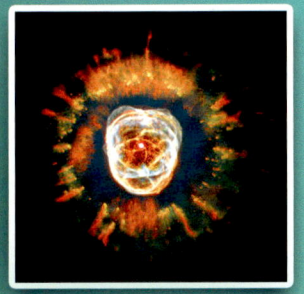

1787년에 천문학자 윌리엄 허셜이 발견한 에스키모성운의 나이는 겨우 1000년으로 매우 젊다. 후에 허셜은 에스키모성운 같은 구 모양의 성운을 '행성상성운'이라고 불렀다.

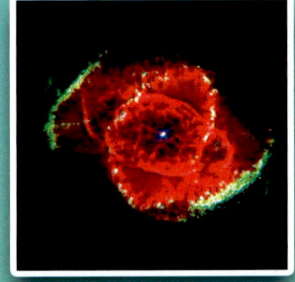

별로부터 내뿜어진 가스로 이뤄진 행성상성운은 일반적으로 구 모양이다. 하지만 고양이눈성운은 모양이 훨씬 더 복잡하다. 그 이유는 확실하지 않다.

게성운은 거대하고 무거운 별이 생명을 마칠 때 폭발한 초신성의 잔해이다. 1054년에 폭발로 인한 빛은 지구까지 도달했었다.

오리온성운은 지구에서 가장 잘 보이는 성운이다. 이 자세한 사진은 말머리성운이라고 하는데, 방출성운이라는 발광하는 가스 구름을 배경으로 앞에 우뚝 솟아있어서 어두운 먼지 구름처럼 보인다.

http://hubblesite.org/gallery/album/nebula_collection

각각의 기둥의 길이는 약 1광년이다. 즉 빛이 기둥 꼭대기에서 바닥까지 도달하는 데 1년이 걸린다는 뜻이다.

"……성운들은 신기한 형상과 이해할 수 없는 성질로 우리에게 경이로움을 느끼게 해줍니다."

메리 서머빌(1780~1872)
스코틀랜드의 과학 작가

이 기둥이 지구와 7천 광년 떨어진 곳에 있다고 가정해 보자. 만약 6천 년 전에 일어난 초신성의 폭발로 이 기둥이 파괴되었다면 현재 우리가 보고 있는 순간에는 기둥이 존재하지 않을지도 모른다. 그렇다고 해도 기둥이 7천 광년 떨어진 곳에 있기 때문에 지금 당장 지구에서는 앞으로 천 년 동안 이미 일어난 파괴 현상을 전혀 볼 수 없을 것이다.

빛나는 먼지 덩어리

늙은 별들은 대부분 먼지를 발산하고, 또 다른 많은 별들은 빛을 반짝이며 그 세기가 변하기도 합니다. 이 사진들은 두 현상을 모두 보여줍니다. 중심에 있는 별에서 출발한 강력한 빛이 서서히 바깥으로 퍼져 나가며 먼지 덩어리들을 잇달아 밝히고 있습니다.

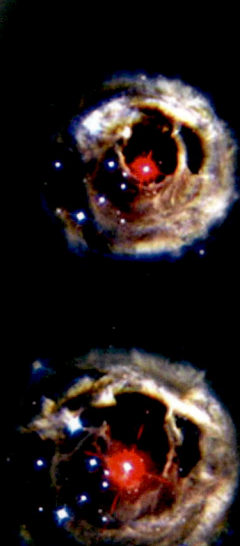

먼지 덩어리 중심에 밝게 빛나는 천체는 초거성이다.

어두운 영역은 먼지 덩어리 내의 구멍들이다.

가장 바깥쪽의 먼지 덩어리는 크기가 목성만 하다.

청색 거성

청색 거성은 태양보다 천 배는 더 큽니다. 폭발하여 파괴되지 않으면서 별로서 존재할 수 있는 최고의 온도에 도달해 있습니다. 엄청난 열기는 대기를 끓여서 증발시켜 날려버립니다. 지나치게 에너지가 높아서 해로운 짙푸른 색의 빛과 치명적인 방사능 복사로 주변 공간을 가득 차게 만듭니다.

맥동 - 천체의 밝기와 크기가 규칙적으로 증가하고 감소하는 현상

기이한 별들

태양은 지구에서 생명체가 존재하여 온 기나긴 시간 동안에 온도나 밝기가 거의 변하지 않은 별입니다. 이 사실은 인류에게는 정말 다행입니다. 태양이 많이 변했다면 아마도 우리는 지금 지구에서 살 수 없었을 것입니다. 이와 대조적으로 많은 다른 별들은 기이한 현상들을 보입니다. 그 별들은 맥동하고 모양도 변하며 서로 합쳐지거나 떨어지기도 합니다. 그리고 어떤 별은 믿을 수 없을 정도로 뜨겁거나 혹은 불꽃도 없이 겨우 연기만 날 정도의 온도를 유지하기도 합니다.

탄소 별

일부 차갑고 붉은 별들의 대기는 탄소의 밀도가 높기 때문에 검은 숯가루 구름 같은 상태로 응축되어 있습니다. 이 구름이 별의 빛을 걸러내어 한층 더 짙고 붉은 별로 보이게 합니다.

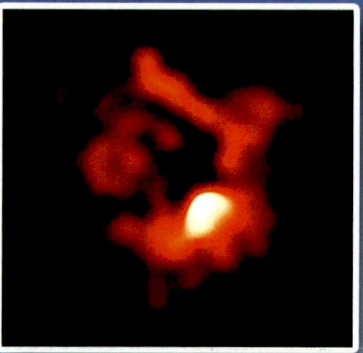

일그러진 별

모든 별이 다 둥근 것은 아닙니다. 라틴어로 '경이롭다'라는 뜻의 '미라'라는 별은 일그러져 보입니다. 그것은 별이 맥동하면서 모양이 바뀌거나 별의 일부 표면이 너무 어두워서 보이지 않기 때문입니다.

 가장 크다고 알려진 별인 VY 캐니스 메이저리스는 태양이 100억 개나 들어갈 정도로 아주 큽니다.

기이한 별들 29

서로 붙어 있는 쌍성들

두 개의 별이 서로 가까이 있으며 서로를 공전하는 쌍성은 흔히 발견할 수 있습니다. 하지만 이 사진처럼 두 별의 표면이 서로 닿을 듯 가까이 붙어 있는 예는 흔하지 않습니다. 서로 표면이 닿아 있는 별들은 대기를 공유하며 서로의 모양을 찌그러지게 만들기도 합니다.

변광성

밝기가 급하게 변하는 단계에 이른 별을 변광성이라고 합니다. 갑자기 밝은 빛을 내며 번쩍이거나 먼지 구름에 의해 급격히 어두워지는 변광성이 있습니다. 또한 규칙적으로 밝아지거나 어두워지는 별들도 있습니다. 이것은 다른 어두운 별들이 변광성 주위를 돌면서 빛을 가로막기 때문에 일어나는 듯합니다. 최초로 발견된 변광성인 알골은 아랍어로 '악마'라는 뜻입니다.

이 사진의 갈색 왜성은 중력의 작용에 의해 그 보다 더 크고 더 밝은 적색 왜성에 묶여 있다.

갈색 왜성

갈색 왜성은 어두운 천체로 행성보다 무겁지만 별보다는 가볍습니다. 기이하게도 갈색 왜성들의 크기는 서로 거의 비슷하지만, 질량은 목성의 20배~80배 더 큽니다.

"별을 분류하는 일은 우주의 구조를 이해하고자 하는 모든 연구 방향에 실질적인 도움을 줍니다."

애니 점프 캐넌(1863~1941)
미국 천문학자

www.skyandtelescope.com/observing/objects/variablestars

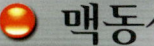 맥동성

천문학자들은 깜박거리는 세페이드 변광성이 어두워지고 밝아지는 데 걸리는 시간을 측정해서 절대 평균 밝기를 알아냈습니다. 그리고 모든 별들은 멀리서 보면 더 어둡게 보인다는 사실을 참고해서, 별과 지구와의 거리를 계산합니다.

맥동성은 크기가 작을 때 가장 뜨겁고 밝다.

별이 팽창할 때 밝기는 어두워지고 온도는 차가워지며 색깔은 붉어진다.

겨우 몇 시간 만에 팽창했다가 수축하는 별들도 있고, 팽창과 수축이 몇 년이나 걸리는 별들도 있다.

별의 죽음

핵 - 원자들의 중심부

별은 수소를 헬륨으로, 헬륨을 더 무거운 다른 원소로 바꿉니다. 밤낮으로 에너지를 내뿜어 하늘 가득히 빛을 비추는 공장과 같습니다. 이러한 수소핵융합 반응은 일정하게 수십억 년 동안 계속되어 갈 것입니다. 하지만 궁극적으로 원소를 전환하는 일이 불가능해지면 별들은 죽게 됩니다.

더 이상 태울 연료가 남아 있지 않으면 적색거성의 바깥층은 부풀어 올라 거품 같은 행성상성운(행성 모양의 성운)이 된다. 사실 행성과는 아무런 물리적 관계가 없다.

행성상성운은 아주 희박한 가스로 이루어져 있어서 중심핵인 백색왜성이 보일 정도이다. 백색왜성은 태양보다 작은 중소 크기 별의 마지막 단계이며, 차가워지는 데 수십억 년이 걸린다.

모래시계성운은 적도 지역보다 더 밀도 높은 양극 지역의 성운 내부의 바람에 의해 팽창되어 현재의 모양이 되었다.

태양과 질량이 비슷한 별들은 중심핵이 수소 연료가 떨어지면 바깥층에서 핵반응이 일어난다. 이 때문에 별이 팽창하고 차가워져 적색거성이 된다.

별은 수백만 년~수십억 년 동안 불타며 활동한다. 질량이 크면 클수록 더 빨리 타게 되어 수명은 더욱 짧아진다.

죽음을 향한 두 갈래 길

별이 죽을 때 일어나는 현상들은 그 별의 질량에 달려 있습니다. 태양 같은 별들은 거대하게 팽창해서 가장 가까이 있는 행성들을 녹이고 삼켜버립니다. 더 무거운 별들은 은하보다 밝게 폭발하여 초신성으로 죽게 됩니다. 초신성은 새로운 별을 만들어 낼 뿐 아니라 새로운 별의 구성 물질을 공급하는 두 가지 역할을 합니다.

큰 별들은 수소를 다 쓰고 나면 태양보다 백만 배 더 크고 수십만 배 더 밝은 초거성으로 팽창한다. 많은 초거성은 맥동변광성으로 수축할 때는 밝아지고 팽창할 때는 어두워진다.

 최초로 발견된 맥동성은 LGM-1(작은 녹색인간)으로 지었는데 이는 그 깜빡거림이 외계의 메시지라고 생각했기 때문입니다.

"우주에 있는 모든 것들……, 우리의 푸르른 하늘 너머에 놓여 있는 영원한 암흑, 셀 수 없이 많은 죽어버린 별들 그리고 화난 듯 붉게 타오르며 아직 죽지는 않았으나 곧 죽을 수밖에 없는 많은 별들."

줄리앤 헉슬리(1887~1975)
영국의 생물학자이자 시인

중성자별은 초신성의 잔재로 만들어진 죽은 별로, 백색왜성보다 무겁지만 블랙홀보다는 가볍다. 맥동성은 전파를 지향성 광선으로 모이게 하는 자기장을 가진 중성자별이다.

초신성

초거성에서는 수많은 다른 종류의 핵반응이 일어납니다. 이때 한 원소를 다른 원소로 바꾸는 과정에서 어마어마한 에너지를 내뿜습니다. 더 이상 이러한 원소의 변화가 일어나지 못할 때, 별은 붕괴되고 결국 초신성으로 폭발합니다. 그리고 별이 가졌던 모든 원소의 물질들은 우주로 흩어집니다. (이 사진의 여러 색깔은 각기 다른 원소로 이루어진 물질들을 나타냅니다.)

www.valdosta.edu/~cbarnbau/astro_demos/stellar_evol/home_stellar.html

블랙홀이라고 해서 모두가 다 죽음의 장소는 아닐 수도 있다. 만약에 블랙홀이 아주 빠르게 회전한다면 비행경로를 잘 택한 우주선은 블랙홀을 통하여 우주의 다른 곳이나, 심지어는 다른 시간으로 갈 수 있을지도 모른다.

휘어진 공간

백 년 전, 아인슈타인은 우주와 시간이 시공간이라는 한 개의 존재로 맞물려 있다는 것과 그 시공간은 거대한 물체들 주변에서 휘어져 있음을 보여주었습니다. 이러한 왜곡은 우리가 보통 중력이라고 부르는 것입니다. 태양이 만든 완만한 중력적 왜곡은 행성들이 궤도를 돌게 합니다. 또한 모든 우주 왜곡이 완만한 것은 아닙니다.

시공간

시공간을 쭉 펼쳐 놓은 고무판이라고 상상해 봅시다. 별과 행성들은 마치 그 속으로 가라앉는 것처럼 고무판의 일부분을 휘어지게 만들 것입니다. 그 공간을 빠르게 움직이는 물체는 궤적이 다른 방향으로 변화되어 비행할 것입니다. 상대적으로 느리게 움직이는 물체는 움푹 파인 시공간의 궤도를 계속 돌 것입니다. 그리고 훨씬 더 느린 물체는 늘어진 궤도 안으로 소용돌이 궤적을 그리며 빨려 들어갈 것입니다.

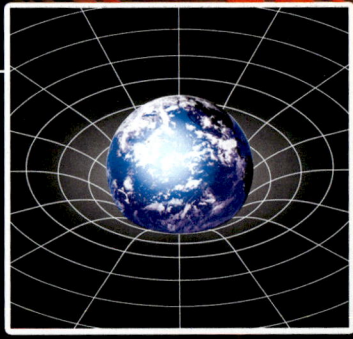

웜 홀

질량이 크면 클수록 시공간은 더욱더 휘어집니다. 질량이 작은 영역에 집중적으로 모인다면, 바늘이 종이를 뚫고 통과하듯이 뭉쳐진 중력은 시공간을 뚫고 나갈 수 있습니다. 그러면 한 시공간에서 다른 시공간으로 연결되는 통로가 만들어집니다. 이것이 웜 홀입니다.

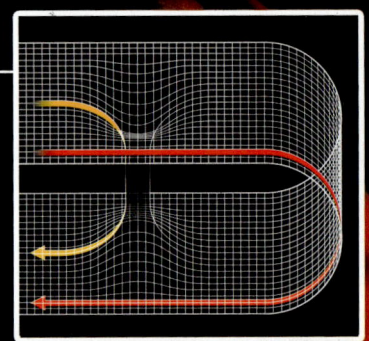

 우주는, 너무나 작아서 보이지 않는 웜 홀로 가득 차 있습니다.

블랙홀 근처에서는 중력의 분포가 아주 급격하게 변화하기 때문에 근처에 있는 물체들은 블랙홀에 빨려 들어가기 전에 가늘고 긴 모양으로 변화된다. 이러한 현상을 '스파게티화'라고 한다.

http://hubblesite.org/explore_astronomy/black_holes

블랙홀

보통 별은 내부의 끌어당기는 중력과 바깥쪽을 향한 복사압에 의해 균형이 유지됩니다. 하지만 별의 연료가 다 떨어져 복사 에너지가 약해지면, 더 이상 균형을 유지하지 못하게 되어 중력에 의해 별은 안으로 무너져 내립니다. 이 때문에 별의 밀도가 높아지고, 끌어당기는 중력 역시 더욱 강해집니다. 결국 가장 큰 별들의 경우에는 가까이 있는 모든 물체를 빨아들입니다. 빛마저도 끌어당기는 힘에서 탈출할 수 없기 때문에 검은 블랙홀로 보입니다.

우주를 향한 개척자들

구소련이 최초로 우주에 도달해 세계를 놀라게 한 후, 미국은 기계와 동물, 결국에는 사람을 달에 보내면서 소련과 경쟁을 하였습니다. 우주 여행 자체가 많은 종류의 실질적인 이득을 만들어 낼 수 있지만, 사람들이 우주를 향해 나아가는 가장 큰 이유는 알려지지 않은 또 다른 세계에 대한 호기심 때문입니다.

구소련 - 소비에트 사회주의 연방 공화국, 옛 소련(1922~1991)으로 러시아가 중심 국가

- 탈출 로켓 (발사 시의 비상사태에 이용)
- 아폴로 11호의 사령선 (보호덮개 아래 있음)
- 기계선
- 달 착륙선 이글호는 이 부분 안쪽에 위치한다.

스푸트니크

1957년 10월 4일, 러시아는 무게가 84km인 공 모양의 인공위성 스푸트니크 1호를 우주로 발사했습니다. 그것이 지구 궤도를 돈 첫 번째 인공 물체입니다. 모든 사람들이 스푸트니크 1호가 보낸 전파 송신 발신음을 들음으로써 우주 시대가 시작되었습니다.

지구로 전파 신호를 보내기 위한 안테나

새턴 5호 로켓은 9초마다 수영장 하나를 채울 만큼 많은 연료를 태웠다.

아폴로 11호 : 달을 향한 임무

1969년의 달 착륙은 인류 역사상 가장 중요한 사건입니다. 달은 인류가 최초로 도달한 신세계입니다. 거대한 새턴 5호 로켓은 30만km 이상 가로질러 아폴로 11호와 세 명의 승무원을 우주로 데려갔습니다. 3단으로 이루어진 새턴 5호는 연료를 다 쓰면 각 단이 차례로 떨어져 나가면서 달에 도달했습니다.

> 인간이 달성한 가장 빠른 비행 속도는 1968년에 아폴로 8호 승무원들이 기록한 초당 10.8km입니다.

우주를 향한 개척자들 35

최초의 우주인

1961년에 27세의 러시아 조종사인 유리 가가린은 우주로 간 첫 번째 사람이었습니다. '제비'라는 별명을 가진 보스토크 1호를 타고 지구 궤도를 돌고나서 지표면 근처까지 귀환한 후 낙하산으로 마지막 수 km를 내려와 밭에 착륙했습니다.

가가린이 우주로 발사되기를 기다리고 있다.

"이것은 한 인간에게는 작은 걸음이지만 인류에게는 거대한 도약이 될 것입니다."

닐 암스트롱(1930년~)
1969년 7월 11일, 아폴로 11호의 주 비행사

여행의 끝

3일 간의 비행 뒤에 아폴로 11호의 사령선 겸 기계선은 달에 도달하여 달 궤도로 들어갔습니다. 사령선 겸 기계선에는 콜린스만 남고 우주인 암스트롱과 올드린은 달 착륙선인 이글호를 타고 달 표면을 향해 내려갔습니다.

기계선 / 사령선

아폴로 17호의 사령선 겸 기계선(위)은 아폴로 11호와 비슷하다.

이글호의 달 착륙

우주인들은 달 착륙선 이글호를 달 표면, 고요의 바다에 안전하게 착륙시켰습니다.

이글호의 윗부분만 사령선 겸 기계선으로 귀항했다. 나머지 부분은 지금도 달에 남아 있다.

착륙 발판

소형로켓엔진 (4개 중 하나)

연료 탱크

햇빛을 반사시켜 이글호의 과열을 막아주는 막

달에 내린 올드린이 이글호의 장비를 살펴보고 있다.

http://news.bbc.co.uk/onthisday/hi/themes/science_and_technology/space

하늘 너머로

사람들을 태우고 달에 간 로켓들은 거대한 규모에 비용도 아주 많이 들었습니다. 게다가 한 번 밖에 사용할 수 없었습니다. 하지만 우주선을 수리하거나 우주 정거장을 방문하기 위해서는 정기적으로 우주에 오갈 일이 많기 때문에 일회용이 아닌 재활용이 가능한 우주선이 있어야 합니다. 이런 우주선 덕분에 언젠가는 누구든지 우주인이 될 수 있을 것입니다.

> 위성 - 달처럼 자연적으로 또는 인위적으로 행성의 궤도를 도는 물체

우주왕복선에는 커다란 격납고 (비행기나 비행선을 넣어 두거나 정비하는 건물) 역할을 하는 발사실이 있다. 그곳에서 각종 위성들과 장비들을 로봇 팔이 들어 올려 궤도로 발사할 수 있다.

외부 탱크에는 액체 연료가 들어 있다. 연료를 다 쓴 뒤에 탱크는 떨어져 나가 대기에서 불타버린다.

 > 우주왕복선의 로봇 팔은 화물 트럭보다 무거운 인공위성도 움직일 수 있습니다.

우주왕복선

미 항공우주국 나사(NASA)에서 만든 우주왕복선은 지구 궤도를 도는 재활용 우주선입니다. 이 우주선은 인공위성을 발사하고, 되찾아 수리하며, 우주 정거장에 가고, 거기서 연구하는 데 활용됩니다. 로켓처럼 발사되어 외부 탱크와 쌍둥이 로켓 추진기의 연료를 태우지만, 항공기처럼 지구로 돌아와 착륙합니다. 지금까지 여섯 척의 우주왕복선이 만들어졌고, 최초로 우주를 비행한 것은 1981년이었습니다. 우주왕복선의 최대 속도는 초당 약 7.7km입니다.

우주왕복선의 우주인은 질소연료 분사 제어로켓을 이용하여 우주에서 이동한다.

고체 연료를 다 쓰고 나면 2개의 로켓 추진기는 낙하산에 매달려 지구로 떨어진다. 그리고 다시 연료를 채워 재활용된다.

www.nasa.gov/mission_pages/shuttle/vehicle/index.html

새로운 지평선

국제우주정거장(ISS)뿐 아니라 달과 화성까지 여행할 수 있는 오리온 우주선이 개발되고 있습니다. 우주왕복선처럼 재활용할 수 있는 우주선입니다.

스페이스십원

스페이스십원은 2004년에 발사된 실험용 우주비행기입니다. 100km가 넘는 높이에 도달해서 음속의 3배로 빠르게 날아갑니다. 여행객들을 위한 정기적인 우주왕복 서비스를 제공하기 위해 더 크고 우수한 우주선이 개발되고 있습니다.

비행체 꼬리는 지구 대기로 다시 들어서자마자 속도를 줄이기 위해 위쪽으로 접힌다.

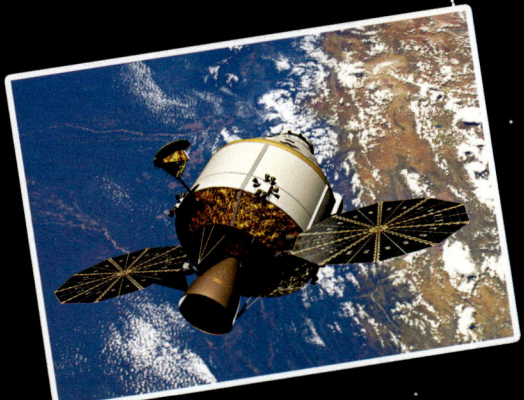

우주 도시

최초의 우주 정거장은 1971년에 구소련에서 쏘아올린 살루트 1호이고, 그 후 미국은 1973년에 궤도를 도는 우주 실험실 스카이랩을 만들었습니다. 이후에도 계속해서 우주 정거장이 만들어졌는데, 가장 최근에 제작된 국제우주정거장(ISS)에는 지금 이 순간에도 여러분 머리 위 높은 궤도에서 사람들이 생활하고 있습니다. 오늘날 우주 정거장은 주로 우주를 연구하는 데 이용되고 있지만, 미래에는 호텔로 쓰일 것입니다. 그리고 장거리 우주 탐험가들을 위한 첫 번째 발판이 될 것입니다.

> "지구가 인류의 요람이지만, 인류는 영원히 요람에서만 살 수는 없습니다."
>
> **콘스탄틴 치올코프스키(1857~1935)**
> 러시아 로켓 과학자

우주 정거장 - 사람이 탑승한 인공위성

회전하는 우주선

국제 우주 정거장은 지구 궤도를 돌고 있지만 미래의 우주 정거장들은 태양 에너지를 사용하여 다른 세계로 가서 장거리 임무를 수행할 것입니다. 여러 세대의 탐험가들이 평생 동안 우주선에서 살며, 태양광을 통해 동력을 얻고 식량도 재배할 것입니다. 사진에서처럼 회전하는 우주선이 거주민을 위해 자체 중력을 만들도록 설계되어 있습니다.

국제 우주 정거장에 탑승하면

16개의 나라가 지구 궤도에 국제 우주 정거장을 건설하고 있습니다. 이곳에 탑승한 우주인과 다른 물체들은 거의 무게를 느끼지 못합니다. 이곳에서는 사람, 식물, 광석 결정, 액체와 불꽃 등에 미치는 '극미 중력'의 영향을 연구하고, 미래의 우주 식민지를 세우는 계획을 돕고 있습니다. 국제 우주 정거장에서의 무중력 상태 실험은 중력이 없기 때문에 우주인들은 뼈와 근육이 약해지지 않도록 지속적으로 운동을 해야 합니다. 2007년에 우주인 서니타 윌리엄스는 국제 우주 정거장의 러닝머신에서 마라톤을 달린 적이 있습니다.

> 가장 긴 우주비행 - 러시아의 우주비행사 발레리 폴리아코프가 우주 정거장 미르호에서 세운 437일

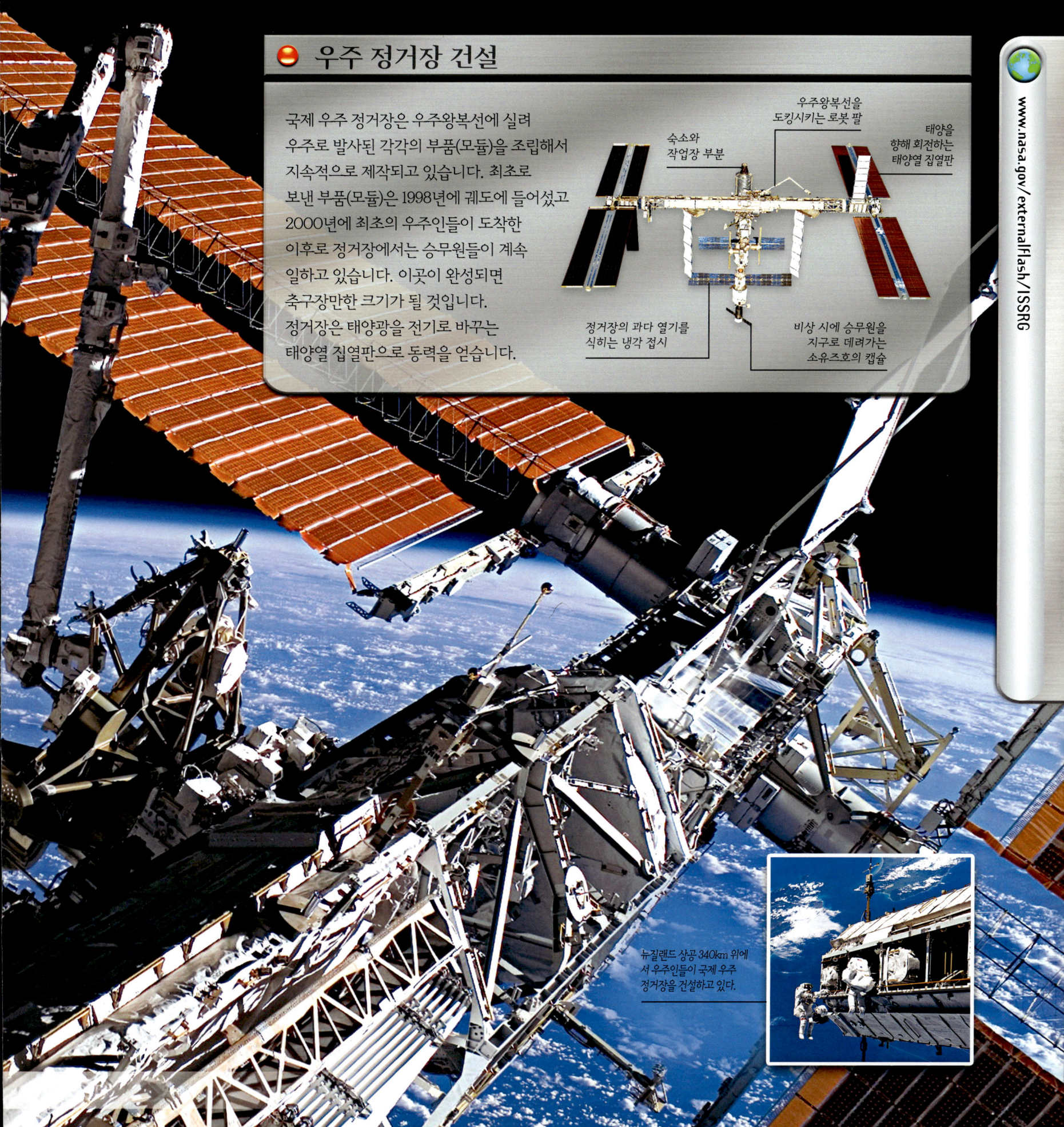

우주 정거장 건설

국제 우주 정거장은 우주왕복선에 실려 우주로 발사된 각각의 부품(모듈)을 조립해서 지속적으로 제작되고 있습니다. 최초로 보낸 부품(모듈)은 1998년에 궤도에 들어섰고 2000년에 최초의 우주인들이 도착한 이후로 정거장에서는 승무원들이 계속 일하고 있습니다. 이곳이 완성되면 축구장만한 크기가 될 것입니다. 정거장은 태양광을 전기로 바꾸는 태양열 집열판으로 동력을 얻습니다.

- 숙소와 작업장 부분
- 우주왕복선을 도킹시키는 로봇 팔
- 태양을 향해 회전하는 태양열 집열판
- 정거장의 과다 열기를 식히는 냉각 접시
- 비상 시에 승무원을 지구로 데려가는 소유즈호의 캡슐

뉴질랜드 상공 340km 위에서 우주인들이 국제 우주 정거장을 건설하고 있다.

www.nasa.gov/externalFlash/ISSRG

별과 행성

항성 간 우주선

별로 가는 여행은 쉽습니다. 무인 항성 간 탐사선 파이오니어호와 보이저호는 태양계 끝을 넘어 광막한 우주 공간에 도달하기 위해 지금도 항해하고 있습니다. 이렇게 먼 거리를 가는 일은 기술적으로는 문제가 되지 않습니다. 보다 근본적인 문제는 얼마나 오랜 시간이 걸리느냐 입니다. 몇 만 년 동안 우주를 여행해야만 탐사로켓이 다른 별에 도달할 수 있기 때문입니다. 그래서 다른 별 세계를 탐험하려는 사람들에게는 보다 빠른 우주선이 필요합니다.

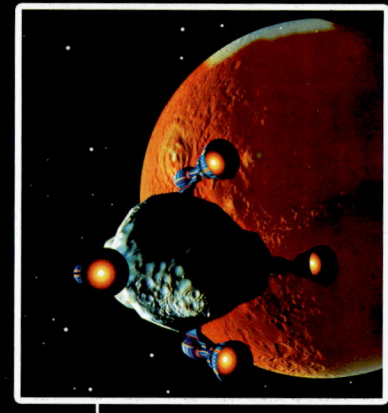

우주에서 채굴하기

언젠가는 우주선을 만들고 비행을 위한 연료로 쓰일 원자재가 금속으로 구성된 소행성에서 채굴될 것입니다. 그곳의 낮은 중력 때문에 원자재는 거의 무게가 없을 것이므로 옮기기 쉬울 것입니다. 사진에서는 4대의 로봇탐사선이 화성을 지나 지구로 소행성을 옮기고 있는 모습을 보여줍니다.

착륙 유도기

항성 간 우주선은 다른 세계에 착륙하도록 설계되어 있지 않습니다. 때문에 우주인들은 행성 대기층 내를 비행하기 위해 유선형의 단거리 왕복우주선을 타고 행성에 내려가게 될 것입니다.

 가장 가까운 별은 지구에서 가장 가까운 행성보다 약 100만 배 더 멀리 있습니다.

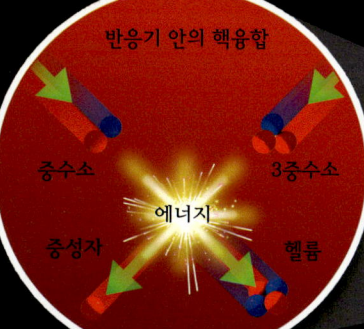

성간 램제트

모든 항성 간 우주선은 멀리 쏘아 올리기 위해서 연료 외에도 반응물질이 필요합니다. 이 물질로 인해 반대 방향으로 나아갈 수 있습니다.
성간 램제트는 무거운 연료를 가득 싣고 갈 수 없기 때문에 우주의 가스를 빨아들여 이 중 일부는 핵 반응기의 연료로, 다른 일부는 반응물질로 사용합니다.

금속 그물은 전자기장을 만들어 주로 수소로 이루어진 성간 가스를 채집한다. 이때 눈에 보이지 않는 자기장은 금속 그물 너머 수십~수백km까지 확장되어 펼쳐져 있다.

수백 년 동안 계속 항해해야 할지 모르므로 우주인들은 동면실 안에 들어가 냉동된 채로 수십 년 동안 늙지 않고 잠을 잘 수 있어야 한다.

안테나로 지구와 통신한다. 램제트가 속도를 증가시키며 승무원에게 인공 중력을 공급해준다. 그래서 이런 구조물은 자체 무게를 지탱하기 위해 강하고 가벼워야 한다.

승무원실

수소 송수관

원자로의 방사능으로부터 승무원실을 보호해주는 방패

핵 반응기 안에서는 두 종류의 수소 (중수소와 3중수소)가 핵융합을 일으킨다. 이것이 램제트에 동력을 주는 에너지와 중성자, 헬륨 등을 만든다.

연료 탱크

반응기 안의 핵융합
중수소 / 3중수소
에너지
중성자 / 헬륨

헬륨이 포함된 배기가스

www.nasa.gov/centers/glenn/research/warp/ideaknow_prt.htm

우주 생명체에 대한 질문

사람들은 우주의 다른 공간에 생명체가 존재하는지 궁금해 합니다. 그 궁금증을 풀기 위해 로봇들이 화성의 모래를 조사하고, 먼 별로 신호를 보냅니다. 무인 탐사선들은 디스크와 금속판에 메시지를 담아 우주 공간을 항해하고, 우수한 전파망원경은 하늘을 샅샅이 살펴봅니다.

> 무인 탐사로봇 - 다른 세계를 탐험하기 위해 사람이 타지 않은 상태로 보낸 우주선

> 벌레 같은 동물이 화산 분출구(또는 심해 열수공) 주변에 무리 지어 있는 미세 생명체를 잡아먹고 있다. 분출구는 살아 있는 생명체에게 필요한 온기를 공급해 준다.

> 자유 유영성 유기체는 빛을 이용해서 의사 소통을 하기도 한다.

> 지구로 떨어진 화성의 운석에서 세균 같은 형태를 가진 구조물들이 발견되기도 합니다.

머나먼 다른 행성의 위성에 생명체가?

목성의 궤도를 도는 위성인 유로파는 목성의 중력으로 따뜻해집니다. 이 말은 두꺼운 얼음 표면 아래에 거대한 바다가 숨겨져 있다는 뜻입니다. 그 따스한 어둠 속에 생명체가 존재할 가능성이 있습니다. 한편 지구에도 지하 열에서 에너지를 얻는 깊은 바다 속 생명체가 있습니다.

수송기는 유로파의 얼음 표면을 뚫고 녹여서 진입 통로를 만든다.

탐사로봇은 감지 장치, 분사 제어 로켓과 집게 시스템이 있다.

www.bbc.co.uk/science/space/life

🌑 우주로 보내는 엽서   별로 보내는 신호

1972년과 1973년에 각각 따로 발사된, 우주 탐사 로켓 파이어니어 10호와 파이어니어 11호는 언젠가 발견될지도 모르는 우주 생명체에게 전할 그림 메시지가 담긴 철판을 갖고 있습니다.

탐사로켓의 그림 메시지에 그려진 인간의 모습

은하에서 태양의 위치를 알려주는 별 지도

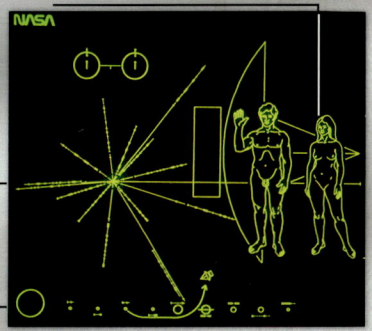

태양계

파이어니어 10호의 철판 그림

1974년 지구의 인구: 42억   인간   인간의 평균 키: 1,764mm

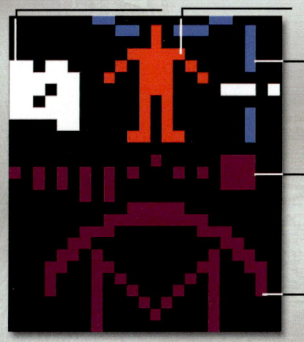

우리 태양계의 태양과 행성들

아레시보 망원경

아레시보 이진법 부호 메시지의 일부

1974년에 아레시보 전파 망원경은 수많은 별들이 모여 있는 성단을 향해 이 메시지를 보냈습니다. 이것은 약 27,000년 후에 목적지에 도달할 것입니다. (서로 다른 그림을 구분하기 위해 사진에 인위적으로 색을 입혔습니다.)

용어 설명

궤도
행성이 별 둘레를 도는 것처럼 우주에서 한 물체가 다른 물체 주위를 도는 길

달
행성의 궤도를 도는 천체

대기
별, 행성이나 달을 둘러싸고 있는 가스 층

레이더
물체를 향해 전파를 쏘는 시스템. 물체에 부딪쳐 돌아오는 특성에 따라 그 물체를 알 수 있다. 움직이는 물체를 추적하고, 행성 표면의 지도를 작성하며, 지구와의 거리를 측정하기 위해 사용한다.

전파
광파보다 훨씬 더 파가 긴 형태의 전자기파

무인 우주탐사선
다른 천체를 탐험하고 정보를 모으기 위해 보낸, 사람이 타지 않은 우주선

물질
질량을 갖고 공간을 차지하는 물질. 물질은 고체, 액체, 기체, 플라스마의 네 가지 형태가 있다. 반물질 입자는 물질 입자와 반대 속성을 가진다. 암흑 물질은 일반 물질에 중력의 영향을 미치기 때문에 존재한다고 알려진 신비로운 물질이다.

미립자
물질의 아주 작은 조각

반구
구의 절반

별
중력에 의해 서로 모여서 타고 있는 가스 덩어리 천체

복사
전자파로 우주를 이동하는 에너지 형태. 빛, 무선, 자외선, 적외선, 엑스선과 감마선이 모두 복사에 해당된다.

부피
물체가 차지하고 있는 공간의 양을 측정하는 단위

성운
구름처럼 보이는 천체. 종종 원반 모양인 행성상성운은 사라져 가는 별에서 배출한 가스 구름이다. 행성과는 아무런 관계가 없다.

소행성
태양의 궤도를 도는 작은 바위나 금속성 천체로, 주로 화성과 목성 궤도 사이에서 발견된다.

수소
우주에서 가장 흔한 매우 가벼운 물질. 대부분의 별들이 주로 수소로 이루어져 있다.

안테나
전파 안테나. 무선으로 전파 신호를 주고받는 장치

양성자
모든 원자의 핵에서 발견되는 양전하를 띤 미립자

에너지
에너지는 물체를 들어 올리는 것과 같은 일을 하는 데 필요하다. 소리, 빛, 열, 전기와 질량을 포함해 많은 종류의 에너지가 있다.

온실효과
행성의 대기 중에 있는 특정한 종류의 가스가 태양열 일부를 가두어서, 그 행성의 표면 온도가 올라가는 과정

원소
모두 같은 수의 양자를 가진 원자들로 이루어진 물질

용어 설명

원자
원소를 이루고 있는 기본적인 입자.
양성자와 중성자로 이루어진 원자핵과 그 핵 주위에 포진해 있는 전자들로 구성된다.

원자핵
원자의 중심이 되는 부분

위성
행성 주위를 도는 물체. 달은 자연위성이고 기상위성은 인공위성이다.

유성
유성은 바위나 금속 조각이 우주에서 지구에 떨어져 대기 중에서 탈 때, 하늘에 나타나는 빛줄기이다. 지구에 떨어지기 전에는 유성체, 지표면에 떨어지면 운석이라고 한다.

은하
수많은 별들이 행성, 가스, 먼지, 암흑 물질과 함께 중력에 의해 무리지어 있는 천체

자기장
움직이는 전하를 둘러싸고 있는 영역.
자석이 다른 자석 혹은 전하에 만들어내는 밀어내고 끌어당기는 힘이 작용한다.

전자기장
전기장과 자기장의 결합체. 빛과 다른 종류의 복사에너지가 움직이고 있는 전자기장의 한 유형이다.

중력
모든 물체를 서로 끌어당기는 힘.
이 힘의 세기는 물체의 질량에 달려 있다.

중성미자
원자보다 훨씬 더 작은 미립자로 막대한 수가 존재하고 있다. 막히지 않고 거의 모든 물질, 심지어는 지구도 통과할 수 있다. 좀처럼 검출하기도 어렵다.

중성자
중성자는 수소를 제외한 모든 원자의 핵에서 발견되는 소립자이다. 중성자별은 중력이 너무 강하여 양자와 전자가 서로 충돌해서 중성자로 변한 죽은 별이다.

질량
어떤 물체에 있어 물질의 양을 측정하는 기준.
중력장 안에서 물체는 질량이 클수록 더 무겁다.

초신성
폭발하는 별

자전축
행성의 양극을 관통하는 상상의 선으로 이 축을 중심으로 행성이 자전한다.

카이퍼 띠 천체
해왕성 궤도 바깥쪽에 있는 얼음과 다른 얼어붙은 물질들로 이루어진 천체

코스모스
우주를 뜻하는 또 다른 용어

태양열 집열판
햇빛을 열이나 전기로 바꾸는 장치

핵융합
태양과 대부분의 별에서 수소가 헬륨으로 바뀌어, 햇빛과 별빛으로 나타나는 에너지를 배출하는 과정

헬륨
매우 가벼운 물질로, 절대온도 0도에 가까운 아주 낮은 온도 이외에는 늘 기체 상태로 존재한다.

찾아보기

ㄱ
가가린, 유리 35
가니메데 20
가스 행성 20, 22
갈색 왜성 29
계절 17, 18, 19
고리 20, 21, 22, 23
국제우주정거장(ISS) 37, 38~39
궤도 선회 9, 15, 22, 29, 43
궤도 선회(지구) 5, 34, 37, 39
궤도 선회(태양) 12, 17, 22, 24, 32
극 12, 19, 30
금성 10, 14, 15, 16

ㄴ
나사(NASA) 37
나선은하 8~9
년 10, 11, 14, 22

ㄷ
달(지구의) 13, 34, 35
달들 10, 20, 22, 23, 24, 43
대기 13, 14, 15, 20, 22, 24, 29, 40, 44
대기(지구의) 4, 12, 16, 24, 36
독수리성운 26

ㄹ
램제트 41
레이더 15, 19, 44
로켓 34, 36, 37

ㅁ
마스 익스프레스 탐사선 19
마트 몬즈 15
마젤란 탐사선 15
매리너 10호 10, 14
망원경 4, 15, 42, 43
맥동 30, 31
맥동성 29, 30
명왕성 24
모래시계성운 30
목성 10, 20, 21, 43
무인 우주탐사선 10~11, 14, 15, 18, 19, 23, 40, 42, 43
물질 6, 44
미란다 22
미마스 24

ㅂ
바이킹 2호 18
반구 17, 44
반물질 6
배링거 운석구 25
백색왜성 30, 31
변광성 29, 30
별 4, 6, 7, 8, 9, 26~31, 32~33, 40, 44
별똥별 24
별의 죽음 26, 30~31
별의 탄생 8, 9, 26, 30
보스토크 1호 35
보이저 무인 우주 탐사선 11, 23, 40
복사 9, 21, 26, 28, 33, 44
부피 10, 11, 44
분화구 14, 19, 24
블랙홀 31, 32~33
빅뱅 6, 7
빙원 18

ㅅ
산소 16, 18
쌍성 29
새턴 5호 34

성운 26~27, 44
수성 10, 14
수소 6, 7, 12, 30, 41, 44
슈퍼 가미오칸데 천문대 5
소행성 24, 25, 40, 44
스파게티화 33
스페이스십원 37
스푸트니크 1호 34
시간 6, 32

ㅇ
아레시보 메시지 43
아인슈타인 32
아폴로 비행 34~35
안드로메다은하 8
안테나 5, 19, 23, 41, 44
암스트롱, 닐 35
암흑 물질 6
암흑 에너지 6
양자 7
얼음 10, 16, 19, 20, 23, 24
에너지 6, 12, 23, 30, 31, 41, 44
엑소마스호 18
오로라 12
오르트 성운 11
오리온성운 27

오리온 우주선 37
온실효과 15, 44
올드린 35
왜성 24
외계 생명체 18, 42-43
우주 6~7, 8, 32
우주 균열 7
우주 냉각 7
우주선 36~37, 40~41
우주시간 32
우주왕복선 4, 36~37
우주인 35, 36, 37, 38, 39, 41
우주 정거장 36, 37, 38~39
운석 24, 42
원소 6, 7, 30, 31, 44
원자 7, 26, 30, 45
웜 홀 32
유럽우주국(ESA) 18, 19
유로파 20, 43
유성 24, 45
유성물질 24
은하 6, 7, 8~9, 26, 45
은하수 9
이글호 35
이오 20
인공위성 5, 34, 36, 37, 38
일식 13

ㅈ
자기장 12, 13, 21, 31, 45
적색거성 30
전자 6, 7
전자기장 45
전파 4, 31
중력 6, 10, 20, 21, 22, 23, 32, 33, 38, 40, 41, 42, 43, 45
중성미자 5, 6, 45
중성자 41, 45
중성자별 31
지구 4, 5, 10, 12, 13, 14, 15, 16~17, 19, 24, 25, 27, 28, 29, 36, 37, 38, 40, 43

ㅊ
창조의 불기둥 26~27
채굴 40
천문대 4, 5
천왕성 11, 22, 23
청색 거성 28
초거성 27, 30, 31
초신성 7, 26, 27, 30~31, 45
축 4, 17

ㅋ
카론 24
카이퍼 띠 11, 24
칼리스토 20
코스모스 45
키트피크 국립천문대 4

ㅌ
탄소 별 28
태양 6, 7, 10, 12~13, 14, 16, 22, 24, 28
태양계 9, 10~11, 23, 24, 43
태양 돛단배 13, 25
태양열 집열판 4, 18, 19, 39, 45
태양 홍염 13
태양 흑점 13
토성 10, 11, 20, 21, 24
트리톤 23

ㅍ
파이어니어 탐사선 10, 11, 40, 43

ㅎ
하루 10, 11, 17, 20
해왕성 11, 22, 23, 24
핵 30
핵반응 12, 26, 30, 31, 41
행성 7, 9, 10~11, 14~23, 24, 32, 43
행성상성운 27, 30
허블우주망원경 4~5
허셜, 윌리엄 22, 23, 27
헤일밥 혜성 24
헬륨 6, 7, 12, 30, 41, 45
혜성 11, 24, 25
화산 15, 17, 18
화성 10, 16, 18~19, 37, 40, 42
화성 궤도 탐사선 19

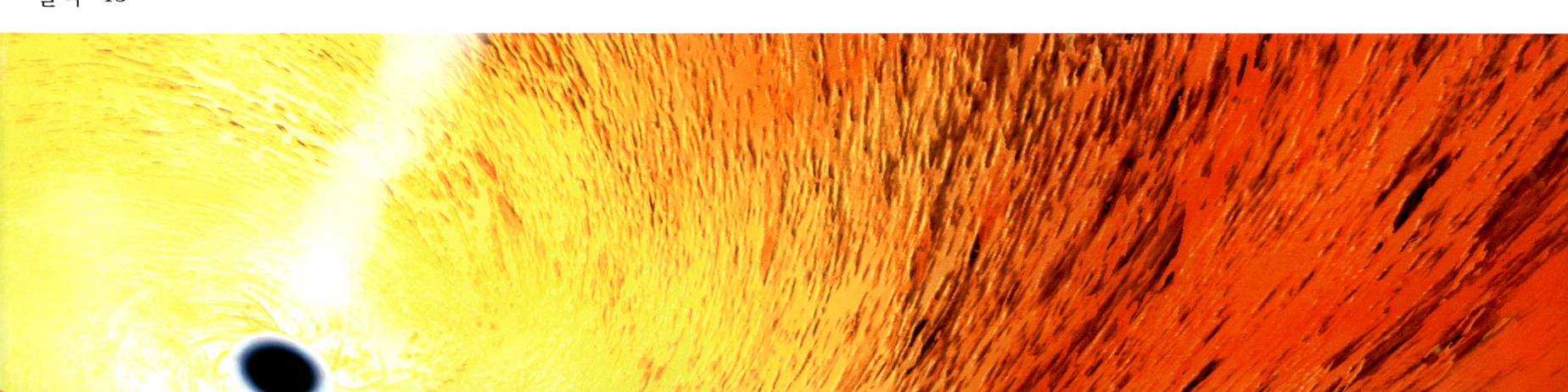

48　별과 행성

더 조사하기

우주여행의 역사에 대해 알기 위해 박물관을 찾아가 보고,
별과 우주 그리고 우리 태양계의 행성에 대해 더 많이 알기 위해
책을 읽고 웹 사이트를 방문해 보세요.

별이 보이는 하늘의
저속촬영 사진

천체관측자 되어 보기

누구나 천체관측자가 될 수 있습니다. 천체관측을 위해 꼭 망원경이
필요한 것은 아닙니다. 맨눈으로 별, 행성, 위성과 은하를 볼 수 있습니다.

 킹피셔 포켓가이드(원제: Kingfisher Pocket Guides: Astronomy), 캐롤 스토트, 킹피셔 출판사

 그리니치 왕립천문대, 국립해사박물관, London SE 10 9NI

 www.schoolsobservatory.org.uk

오리온자리, 그리스 로마 신화에
나오는 사냥꾼 형상

별자리

물체, 사람, 동물이나 상상 속 이야기까지 표현하는 별자리들에 얽힌
신화와 전설에 대해 찾아보세요.

 별과 별자리(원제: Stars and Constellations), 라만 K. 프린자 박사, 하이네만 출판사

 플래니타리움, 브리스톨 탐험하기, Anchor Road, Harbourside, Bristol BS1 5DB

 www.coldwater.k12.mi.us/lms/planetarium/myth/index.html

런던과학박물관(London's
science museum)

우주 탐험

사람들과 무인 우주선이 어떻게 우주여행을 하는지 알아보기 위해
우주과학관으로 여행을 떠나 보세요.

 킹피셔 여행: 우주(원제: Kingfisher Voyages: Space),
마이크 골드스미스 박사, 킹피셔 출판사

 런던과학박물관, Exhibition Road, London SW7 2DD

 www.bbc.co.uk/science/space/exploration

우주의 모습을 생생하게 보여주는
텔레비전 프로그램과 영화

텔레비전과 미디어

우주인과 우주탐사선이 실제로 찍은 영상들을 보면서 우주로 여행해 보세요.
그리고 공상 과학 영화를 보면서 이 넓은 우주를 상상해 보세요!

 공상 과학 영화의 역사(원제: Cinematic History of Sci-Fi and Fantasy),
마크 윌신, 레인트리 출판사

 집에서 볼 수 있는 DVD 자료: 행성들(원제: The Planets), BBC

 www.bbc.co.uk/science/space/spaceguide